Serie de Reloj de Manzana 5

Aprenda Todo que Usted Tiene que Saber Sobre Reloj de Manzana

Philip Knoll

Imprimido en los Estados Unidos de América

Empresa Editora de Graw-colina

2 Plaza Penn,

NEW YORK 10121

Nueva York

EE. UU

.

Reservados todos los derechos.

ISBN: ISBN: 9781651021880

Copyright © 2020 Philip Knoll

Dedicación

A padres de Philip, empanada jean, James Knoll y mi esposa cariñosa e hijo Diana, Kevin quiénes son una fuente constante de amor, estímulo, y energía positiva.

CONTENTS

Índice de materias

NOTE

El CAPÍTULO 1

Introducción

Quiero agradecerte y felicitarte por descargar este libro "Apple Watch Series 5: Aprende todo lo que necesitas saber sobre Apple Watch".

Este libro es una versión de actualización que contiene pasos y estrategias comprobadas, consejos y trucos sobre cómo aprender todo lo que necesita saber sobre Apple Watch.

Cuando Apple Watch se lanzó inicialmente en 2015, no estaba exactamente claro qué problemas resolvió o quién sería su grupo demográfico. Johnny, los directores de la compañía, admitieron eso durante una entrevista con él.

Apple Watch ha cambiado mucho en su corta vida

Una breve historia del Apple Watch

Tim Cook anunció inicialmente el Apple Watch en septiembre de 2014, y el primero de los dispositivos portátiles de Apple Watch se envió al año siguiente en abril. Desde su nacimiento, el Apple Watch ha cambiado profundamente, específicamente por la forma en que se vendió inicialmente. Durante ese tiempo, Apple ha vendido 33 millones de dispositivos Apple Watch desde 2015, lo que lo convierte en el reloj # 1 más vendido de tecnología portátil en el mundo.

Sin embargo, cuatro años es un tiempo en el universo tecnológico, y pueden pasar muchas cosas. Sin embargo, desde 2015, Apple actualiza a Apple todos los años, refinando el diseño e introduciendo nuevas características e innovaciones científicas. La salud y el estado físico son la base de lo que se trata Apple Watch. Pero como verá en esta sección, las mejoras que Apple ha hecho en su versión más reciente son realmente increíbles. Echemos un vistazo al Apple Watch para ver qué tan lejos ha llegado.

El reloj original de Apple (2015)

El primer Apple Watch no venía con un número de serie, como lo harían los sucesivos Apple Watch. Sin embargo, había tres líneas diferentes de Apple Smart Watch cuando está fuera. El primero se llamaba modestamente "Apple Watch", esta era la edición Everyman que estaba hecha de acero inoxidable. En ese momento, estaba el Apple Watch Sport con bandas y una construcción de aluminio hecha para atraer a los atletas. Y, por último, estaba la Apple Watch Edition hecha de oro de 18 quilates.

Como probablemente pueda predecir del oro utilizado para hacer la Apple Watch Edition, se vendió como accesorio de moda y el precio superó los $ 17,000. Pero desafortunadamente, la Apple Watch Edition no se vendió bien y se abandonó el año siguiente. Los Apple Watches originales venían en tamaños de 38 mm y 42 mm y solo presentaban Wi-Fi y Bluetooth. Se requiere acceso a Internet cuando se empareja con un iPhone. Todos los modelos también tenían una corona digital, toque digital, multitáctil, toque forzado y botón lateral. Todos también lucían un sensor cardíaco óptico

Al año siguiente, 2016, Apple presentó su primera actualización de la lista del equipo Apple Watch. Como ya se dijo, desapareció la costosa Apple Watch Edition hecha de oro de 18 quilates. También se deshicieron del apodo "Apple Watch Sport".

Apple Watch series I y 2

Como alternativa, Apple renombró una versión actualizada del Sport porque tenía una construcción de aluminio, el Apple Watch Series 1. Redujeron el precio para convertirlo en el modelo básico que es asequible para la mayoría de los fanáticos de los productos Apple. Conservaba las mismas características que tenía el Apple Watch original: una corona digital, un toque digital, un toque múltiple, un toque forzado y un botón lateral.

Apple presentó el nuevo Apple Watch Series 2 ese año. Este modelo también tiene un cuerpo de aluminio, pero su principal punto distintivo fue que, a diferencia de la Serie 1, la Serie 2 tenía un GPS incorporado. Significaba que no era necesario que el iPhone se vincule con su dispositivo Apple Watch para obtener datos de ubicación.

Apple Watch Series 3 (2017)

En 2017, Apple presentó el Apple Watch y lo renombró Apple Watch Series 3. La diferencia aquí es que la Serie 3 agregó una opción celular. Por primera vez en la historia del reloj de Apple,

Apple mira la serie 3

el reloj en sí podría conectarse a su Internet móvil, eliminando aún más la necesidad de emparejar el dispositivo con su iPhone.

Apple Watch Series 4 (2018)

El Apple Watch Series 4 presentado en 2018; la Serie 4 presentó algunas actualizaciones más esenciales sobre la línea de la Serie 3. La primera diferencia es que la Serie 4 presentaba pantallas más grandes. En lugar

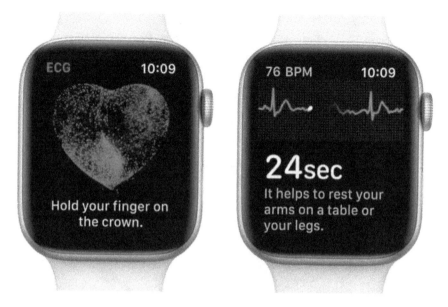

Apple Watch Series 4

de venir en tamaños regulares de 38 mm y 42 mm, la Serie 4 comenzó en tamaños de 40 mm y 44 mm, conservando aproximadamente la misma huella de la Serie 3.

La otra gran mejora de la Serie 4 fue la adición de un sensor cardíaco eléctrico (ECG / EKG). Este ECG permite a los usuarios verificar su frecuencia cardíaca en cualquier momento y si el Apple Watch detecta una frecuencia cardíaca de ritmo cardíaco bajo o alto, lo alerta, incluso cuando no siente ningún síntoma

Apple watch series 5 2019

Apple watch series 5

Hablando honestamente, nos habríamos sorprendido si el dispositivo portátil moderno de Apple no se anunciara solo en el evento, dado que las nuevas versiones han aparecido junto con los nuevos iPhones durante años. El Apple Watch actualmente posee el título del reloj inteligente más vendido en el mundo. Y el Apple Watch 5 fue el dispositivo más elegante de la compañía producido en los últimos tiempos.

Apple sabía que deseaba crear un súper reloj que descubriera qué haría después del hecho. Después del lanzamiento, hubo una lista de problemas que obstaculizaron las habilidades del Apple Watch, relegándolo a ser un compañero lento para el iPhone. No pudo procesar mucho localmente, descargando la mayor parte del trabajo al iPhone. Las caras de los relojes eran bastante limitadas, al igual que las complicaciones que podían correr sobre ellas. Empeora la situación. Fue lento para iniciar aplicaciones, y Siri fue menos que útil. Los desarrolladores, inicialmente entusiasmados con las perspectivas de Watch, comenzaron a huir de la plataforma, con mucho apoyo en las actualizaciones recientes de la aplicación. En los últimos años, Apple Watch no ha visto más que incrementos de especificaciones incrementales. Apple está agregando características como resistencia al agua, procesadores más rápidos y celulares como en donde Apple Watch se destacó. En el exterior, el diseño del reloj Apple se mantuvo prácticamente igual durante tres años. Es una de las preguntas más frecuentes entre las personas que buscan obtener el Apple Watch por primera vez, ¿qué hace esta muestra?

Cuando se trata de relojes inteligentes, Apple tiene razón. Existen otros dispositivos portátiles, pero la mayoría son hermosos impredecibles cuando se trata del equilibrio correcto de funcionalidad y rendimiento. Y ninguno, sin importar su perspectiva, cabe en el iPhone como lo hace el Apple Watch. Tiene una ventaja injusta, dado que ambos dispositivos provienen del mismo techo corporativo. Pero esa interacción también explica por qué el Apple Watch es un dispositivo portátil tan bueno, y por qué la Serie 5 de $ 400 y más es una mejora bienvenida en comparación con la Serie 4. Aumenta algunos trucos geniales que amarás u odiarás, y algunas opciones de seguimiento de salud muy necesarias.

Entonces, ¿qué ha cambiado, precisamente? Bueno, no mucho, al menos en términos de apariencia. La Serie 5 usa el mismo diseño físico que la Serie 4. En el interior, un nuevo procesador S5 y 32 GB de almacenamiento interno, el doble de los 16 GB de la Serie 4, hacen que el reloj se sienta más impresionante. Hay algunos acabados modernos como el titanio y la costosa cerámica blanca si te sientes decorativo. El nuevo Apple Watch Series 5 se adapta a todas las bandas de reloj del mismo tamaño que tenía antes. Esto significa que no tendrá que lidiar con problemas inesperados de incompatibilidad (las bandas antiguas de 38 y 42 mm seguirán funcionando en su Apple Watch de 40 mm y 44 mm más grande).

Una diferencia significativa que notará es la nueva función siempre activa de Apple Watch, que mantiene activa la pantalla incluso cuando no la está mirando. Finalmente, el Apple Watch Series 5 dice la hora, todo el tiempo y regularmente.

¿Te has preguntado por qué muchos quieren obtener la última serie 5 de Apple Watch? ¿Desea aprender las mejores formas, consejos y trucos para poder utilizar su reloj y maximizar su eficiencia? Está en el camino correcto para determinar las formas más efectivas de utilizar su Apple Watch usando este libro. Gracias, una vez más, por descargar este libro, espero que lo disfruten.

El 10 de septiembre de 2019 acontecimiento de Manzana

Cuando esperamos, la Serie de Reloj de Manzana 5 era el lanzamiento el 10 de septiembre junto a nuevo iPhone 11, y no estuvimos decepcionados. Nuevo smartwatch de la manzana ha sido mostrado al mundo el 10 de septiembre de 2019.

Serie de reloj de manzana 5

Habríamos estado sorprendidos si la Manzana moderna llevable no fuera anunciada sola tal como resultó después, dado que las nuevas versiones han salido junto a nuevo iPhones durante años. El Reloj de Manzana actualmente sostiene el título de smartwatch más vendido en el mundo. Y el Reloj de Manzana 5 era el dispositivo más elegante de la compañía producido en el tiempo reciente.

Este libro contiene todo lo que usted tiene que saber sobre los últimos modelos. Hemos coleccionado una lista de todos los rasgos que vienen a la nueva Serie de Reloj de Manzana 5 - y hemos conseguido la primera información de manos con el dispositivo.

Mire OS 6 fecha de liberación, y rasgos
La Serie de Reloj de Manzana 5 anunciado durante la compañía el 10 de septiembre acontecimiento, junto con siguiente iPhone en California. Edición de Hermes en venta el 20 de septiembre, mientras versión Nike en venta el 4 de octubre.

Esto sale en público el 20 de septiembre, comenzando en 398 dólares el GPS-único modelo en 40 mm y 428 dólares para la versión de 44 mm. El modelo celular en ventajas de 40 mm en 498 dólares y puede acercarse a 528 dólares para el modelo de 44 mm.

La Serie de Reloj de Manzana 5 los precios iniciales son para el caso de aluminio reciclado del 100 %, que viene a varios fines: Oro, Espacio Negro, y un matiz gris Pulido.

Usted puede recogerlo en el acero inoxidable para un precio más excelente - 698 dólares con un lazo de deporte o cinta de deporte, 748 dólares con un lazo Milanese, o 798 dólares con un lazo de cuero. El titanio, en fines ligeros y oscuros, comienza en 798 dólares con un lazo de deporte y se acerca a 898 dólares con un lazo de cuero.

El reloj vendrá a un fin blanco de Cerámica, que comienza en 1,298 dólares con un lazo de deporte y se acerca a 1,398 dólares con un lazo de cuero.

Hay modelos de Nike modernos con cintas adicionales, lazos, y caras. Hay modelos de Hermes, con casos de acero inoxidables Negros Espaciales y cintas de cuero noir. La manzana no anunció claramente si estos modelos estarían disponibles tanto en GPS-sólo como celular.

La Serie de Reloj de Manzana 5 ha venido en con un Siempre - En la demostración de Retina. Que, pues nunca apaga - esto sólo se atenúa cuando usted no lo usa, entonces el tiempo y las complicaciones (notificaciones) son siempre visibles. Sólo haga girar su reloj para volverse usted para encenderlo sostiene.

Esto tiene la capacidad con un nuevo chofer de demostración, eficacia de poder, y sensor ligero ambiental. Esto trabaja con el software para entregar siempre - en la demostración sin disminuir la duración de la pila de 18 horas del reloj.

Todas las caras de reloj han sintonizado con cuidado la demostración. La prueba app ha sido pellizcada para mostrar determinaciones urgentas y datos de ejercicio sin parar.

Brújula y Mapas actualizados app

La Serie de Reloj de Manzana 5 ha realzado su brújula incorporada, que ahora muestra latitud, longitud, elevación, y ángulos de inclinación. Los Mapas app también han sido reorganizados para mostrarle qué camino usted afronta.

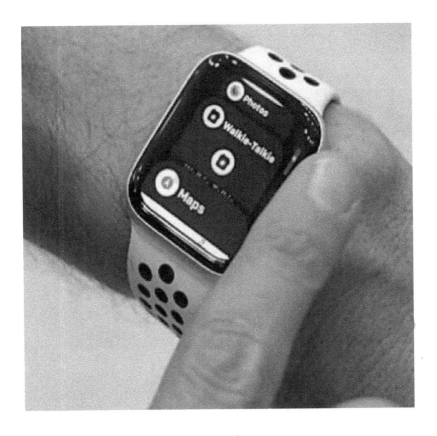

La seguridad figura y el rastreo de salud de la serie 5

La Serie de Reloj de Manzana 5 ha mejorado los rasgos de seguridad en el reloj con descubrimiento de caída, tarjeta de identidad Médica, y SOS de emergencia. La SOS de emergencia también se ha desarrollado: la versión celular puede llamar directamente urgencias en muchos países internacionales sosteniendo el botón abajo de corona de Reloj en una urgencia.

Durante el acontecimiento de este año, la Manzana anunció los estudios de salud con los que esto ayuda asociándose con institutos de investigación y hospitales para corazón, audiencia, y salud femenina, incluso la escucha de ciclo menstrual.

Los usuarios pueden participar en la Investigación de Manzana próxima app, que viene a los Relojes de Manzana más tarde. Para proteger la confidencialidad individual, los datos presentados no pueden tener acceso por el personal de Manzana.

A pesar del hecho no oímos mucho sobre el reloj OS6, esperamos con entusiasmo su liberación, que podría venir juntos con el Reloj de Manzana 5's liberación el 20 de septiembre de 2019.

El gran rasgo en la última versión es la introducción de una Tienda de App directamente en el reloj de Manzana - creíblemente, entonces usted puede usarlo sin hasta necesitar un teléfono como un intermediario.

Los WatchOS 6 continúan la tendencia que separa teléfono con tres nuevo reloj sin relaciones apps que son las versiones ligadas de la muñeca de existir iPhone apps:

• Libros de Manzana

• Notas de Voz

• Calculadora.

Prueba de Salud de Reloj de Manzana 5

Usando una demostración que es siempre conectada ahora, el Reloj de Manzana 5 no está allí para usted nunca como antes. Las caras y las complicaciones permiten que usted vea la información que le importa el más sin levantar su muñeca. Los casos son accesibles en una variedad de materiales tramados por la Manzana, incluso el 100 por ciento aluminio reciclado y, por primera vez, titanio. Partido con varias cintas le gusta y crea una mezcla que es completamente personalizada para usted.

Siempre - En demostración de Retina.

Es ya no necesario levantar su muñeca o tocar la pantalla para ver el tiempo. U otra información en su Manzana mira la cara, porque la nueva demostración nunca duerme. Si usted está en la moto o contar los minutos en una reunión, todo que usted tiene que hacer es el vistazo para encontrar el tiempo o su métrica de prueba directamente en su pantalla de reloj.

Una pantalla tan asombrosa como el día es larga. Siga todo el día con la duración de la pila que dura todo el día, el hardware y el software tienen que trabajar en la sincronización.

La demostración de pantalla se atenúa cuando su muñeca está abajo; sin embargo, los rasgos claves, como manos de reloj, permanencia visible siempre. El toque de la cara o levantando su muñeca devuelve todo el asunto a la brillantez llena.

Personalice su cara de reloj

Usted puede personalizar cara de reloj de Manzana seleccionando apps o atajos a rasgos.

Lo que llamamos complicaciones (que permiten que usted vea más de un vistazo y haga más con un toque). Hay cientos para dar un toque en, y algunas caras, como Infographics, pueden alojar hasta nueve.

Infographic miran cara con Temporizador, Tiempo, Índice de UV, Audiobooks, Monitor Del ruido, Brújula, Actividad, Rastreo de Ciclo

El reloj Compacto modular se vuelve con : Fecha, Actividad, Brújula, el análogo cronometra el disco

Reloj de meridiano se vuelve con : Reloj Mundial, Tierra, Luna, Solar

Infographic cara de reloj Modular con : Contactos Favoritos, Condiciones Meteorológicas, Precio de Corazón, Respiran, Prueba

Reloj de meridiano se vuelve con : Temperatura Meteorológica, Índice de UV, Lluvia, Viento

Veintiocho puntas de Reloj de Manzana y bromas usted debería saber

Si usted acaba de comprar su primer o quinto Reloj de Manzana, estas puntas y bromas le beneficiarían. Hay muchas cosas que usted puede hacer con el Reloj de Manzana, más allá de la comprobación del tiempo o envío de mensajes solos. ¡Aquí están 28 puntas milagrosas y bromas sobre aquel nuevo dispositivo llevable en su muñeca!

Puntas generales

1. Estela a su último-usado app

Cuando usted chasquea su muñeca, en ausencia el Reloj de Manzana despertará y mostrará el tiempo automáticamente.

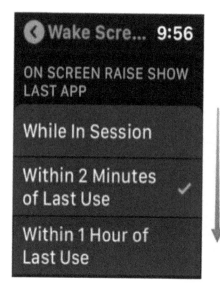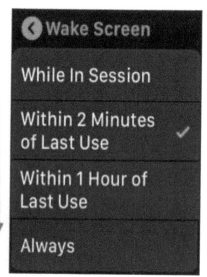

Si usted prefiriera volver a lo que usted hacía antes de que ello yendo a dormir, usted pueda ajustar aquel ajuste por ir a Ajustes> General> Pantalla de Estela.

Entonces, voluta abajo a la sección en Pantalla Levantan el Espectáculo Último. Los juegos incluyen Mientras en Sesiones, dos Minutos después del Último Uso, 1 Hora después del Último Uso, y Siempre.

2. Hacer el en pantalla texto más grande

Con su dispositivo diminuto, a veces, usted quiere la opción para el texto más grande a su disposición. El reloj de manzana hace este simple en sus ajustes de accesibilidad; cambiar el texto en su Reloj de Manzana.

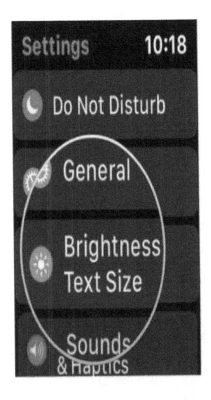 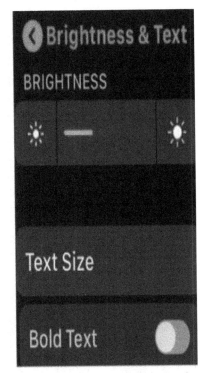

Resplandor de Reloj de manzana y tamaño de texto

Vaya a Ajustes> seleccionan el Tamaño de Texto y Resplandor y se adaptan a su gusto.

Usted también puede seleccionar una especialidad cara de reloj de Texto Grande si todo en el que usted está interesado ve el tiempo en el formato de números grande.

3. Mudo o alarmas silenciosas con su palma

Si usted ha permitido el sonido en el Reloj de Manzana, usted puede guardarlo tranquilo de otros frustrantes con sonidos de notificación. Si esto se marcha en un lugar, usted puede cubrir la demostración de su mano durante cuatro segundos o más silenciar al instante cualquier sonido. Para encender este, usted visitará el Reloj de Manzana app en su iPhone, y luego irá a Mi Reloj> Sonidos y Haptics> Tapa para Silenciar.

4. Reloj de puesto apps

Para esconder a cualquier tercero apps de mostrar en su Reloj de Manzana, entre en el Reloj de Manzana app en su iPhone y asegure que usted está en la Mi sección de Reloj. Enrolle abajo a la unidad llamada Instalado en el Reloj de Manzana. Dé un toque al apps que le gustaría quitar por toggling al de la posición. Incluso aunque usted haya suprimido sus interfaces de Reloj, aquellos apps permanecerán por lo general instalados en su iPhone a menos que usted los suprima de aquel dispositivo.

Quite al tercero apps

5. Encontrar su iPhone con su Reloj

¿Si usted no puede encontrar su iPhone? No moléstese sobre ello — el Reloj de Manzana puede apoyarle lo detectan. De su cara de Reloj de Manzana, aseste un golpe hasta activan el Centro de Control. Desde allí, dé un toque al Sonido metálico iPhone botón en azul para hacer que ello hiciera un ruido fuerte.

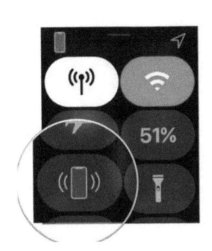 

Encuentre iPhone en Reloj de Manzana

6. Rápidamente tenga acceso a Acercamiento y Voz en off

¿Si usted quiere Zumbar o Voz en off para ser disponible en el acto en su Reloj de Manzana? Usted también puede encender el atajo de Accesibilidad de chasquido triple para activar automáticamente Acercamiento o Voz en off. Para hacer así, visite el Reloj de Manzana app en el iPhone, luego vaya a Mi Reloj> General> Accesibilidad> Atajo de Accesibilidad. Entonces usted puede seleccionar que le gustaría activar en el chasquido triple automáticamente.

Voz de Reloj de manzana

El Siri puede encender la Voz en off o lejos con una orden verbal — preguntan a su Reloj.

7. Tomar un screenshot

Si usted quiere recordar que logro de Actividad de Toque Digital. Usted puede tomar un screenshot en su Reloj por rápidamente y simultáneamente presionando tanto el botón de lado como Corona Digital.

8. Obligar Reloj de Manzana a reactivarse

Si su Reloj es travieso, usted puede apagarlo apretando y sosteniendo el botón de lado hasta que usted vea el Corte de Energía resbalador, entonces lo arrastre a través de la pantalla. Si su Reloj de Manzana es completamente congelado, usted puede funcionar una fuerza reinician autimatcally. Sosteniendo tanto el lado abrochan como Corona Digital durante doce segundos, hasta que usted vea el logotipo de Manzana aparecer.

9. Salvar caras de reloj de encargo

La manzana ha venido con la accesibilidad de no sólo le puede personalizar. Las caras de falta del reloj por aplicar fuerza Mencionan la demostración de Reloj de Manzana, pero usted también puede salvar caras personalizadas del futuro uso. Para hacer así, la Fuerza Menciona la demostración de Reloj de Manzana una vez, luego asesta un golpe a la izquierda y da un toque al botón. Usted puede personalizar los modelos diferentes de su cara de reloj de Manzana al gusto.

Para suprimir una cara de reloj de encargo, aseste un golpe.

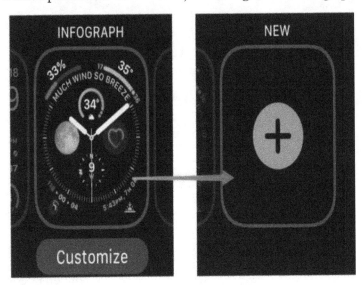

Cree una cara de reloj de manzana

10. Poner su Reloj cinco minutos más rápido

Si usted quiere gustan ser tempranos para sus citas, usted puede poner a mano la cara de reloj mostrar cinco minutos más rápidamente. Esto no afectará sus alarmas, notificaciones, o relojes de otros países, pero esto mostrará en la cara de Reloj de Manzana. Para hacer este, vaya a Ajustes> Tiempo> +0 minuto, y luego gire la corona Digital para avanzar el tiempo delante hasta 59 minutos.

Avance de tiempo de Reloj de manzana

11. Apagar dormitan para sus alarmas de reloj

¿No confíe en usted sobre despertarse a tiempo? Usted también puede incapacitar el botón Dormitar en el dispositivo de Manzana por entrar en la Alarma app en el dispositivo y dar un toque durante el tiempo despertador que le gustaría modificar. El botón de madera tan dormita no es una opción.

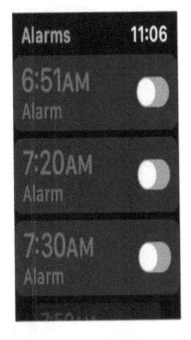

Reloj de Manzana dormita

Comunicación

12. Preformar respuestas de Mensajes de encargo

Usted debería saber que usted no puede escribir a máquina directamente en su Reloj de Manzana. De todos modos, usted puede establecer unas respuestas pretranquilas por su iPhone en el cual usted puede dar un toque durante conversaciones para autoenviar. Para hacer este, visite el Reloj de Manzana app, y luego vaya a Mi Reloj> Mensajes> Respuestas de Falta. Usted también puede cambiar esta lista y añadir/quitar respuestas preformadas en cualquier momento usted desea.

Respuestas de falta

13. Cada vez envíe su texto dictado como de audio

Cuando usted tiene que contestar a un mensaje con su voz, su apoyo de Reloj de Manzana una de dos opciones: envío de ello como texto prescribido o envío de dictado como un clip de audio. Si usted selecciona esto, sus mensajes siempre envían como clips de audio o siempre como el dictado. Usted puede hacer este visitando el Reloj de Manzana app en su iPhone, y luego yendo a Mi Reloj> Mensajes> Mensajes de Audio.

14. Posición de parte a amigo en Mensajes con Toque de Fuerza

¿Quiere usted enviar a un amigo a su posición corriente mientras usted es? De su conversación de Mensaje, la Fuerza Toca la demostración y grifo Envían la Posición.

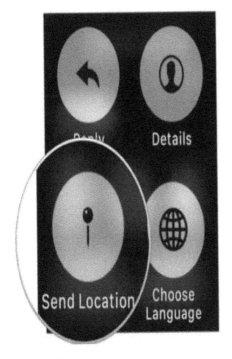 

Envíe Posición

15. Sostener una llamada hasta que usted pueda encontrar su iPhone

Tomando llamadas telefónicas en, el Reloj de Manzana es el sentimiento futurista hermoso, es no siempre práctico. Si usted consigue una llamada en su Reloj de Manzana que usted quiere recoger, pero su teléfono no al alcance, y usted no quiere comenzarlo en su Reloj, usted puede dar un toque a la Respuesta en iPhone para colocar la llamada en el asimiento hasta que usted pueda encontrar su dispositivo. El que durante el otro final oirá un sonido repetido corto hasta que usted pueda ponerse a su iPhone.

16. Encender Radioteléfono portátil

Usted quiere activar el rasgo de Radioteléfono portátil en su nuevo Reloj de Manzana para usarlo. Para hacer así, entre en la aplicación de

Walkie-conversación en el dispositivo llevable y encienda el botón de madera Disponible. Más, la gente no será capaz de alcanzarle usando el instrumento.

Productividad

17. Limpiar sus notificaciones con el Toque de Fuerza

Aunque usted pueda asestar un golpe abandonado para suprimir una notificación sola de la pantalla de Notificaciones, usted puede deshacerse de todas sus alarmas de notificación en un grifo. En primer lugar, aseste un golpe abajo de la demostración para tener acceso a Notificaciones, y luego Obligar el Toque el espectáculo a criar el Claro Toda la opción.

18. Señalar mensajes de Correo con Toque de Fuerza

Allí debe formar de eso nada un nuevo correo electrónico en el Reloj de Manzana excepcional a su imposibilidad relativa como una máquina de correo electrónico. De todos modos, usted también puede señalar mensajes a los que gusta contestar más tarde. Sólo la Fuerza Menciona un mensaje de correo, y luego da un toque a la Bandera.

19. Elegir lo que las cajas revelan en su Reloj de Manzana

¿Si no le gusta ser abrumado con notificaciones e información de todas sus cajas? Usted puede seleccionar cajas específicas para mostrar en el Reloj de Manzana de la aplicación iPhone.

Sólo vaya a Mi Reloj> el Correo> Incluye el Correo.

Correo incluido

20. Cambiar el Día intermedio y Poner vistas en una lista en el Calendario

¿Si usted quiere ver a qué su día parece — sino también artículos de vista en una lista? Usted puede cambiar el Día intermedio y Poner vistas en una lista en el Calendario dando un toque a una Fuerza para Tocar el gesto en la pantalla mientras en el app.

21. Incorporar su tiempo de salida en alarmas de Calendario

Si hay una posición añadida a su acontecimiento de calendario, usted puede crear una nueva alarma para informarle cuando dejar esto factores en conducción o andar una distancia junto con el tráfico. Para hacer así, asegúrese que el acontecimiento específico tiene el interruptor de Tiempo de Viajes permitido. Usted puede hacer este en su iPhone por ir al Calendario app, dando un toque al acontecimiento en la pregunta, y yendo a Corregir> Tiempo de Viajes.

Apps

22. Usar el Motor Taptic cuando usted consigue nuevas direcciones

Su Reloj apoya una variedad de bips, zumbidos, y movimientos para conseguir su atención, pero esto no se para con notificaciones. Usted puede usar el Motor Taptic para ayudar a navegarle alrededor de cualquier ciudad. Cuando usted consigue direcciones por el Reloj, usted recibirá una serie de grifos cuando usted tiene que hacer una vuelta.

Para una vuelta izquierda, usted conseguirá una serie de dos grifos, jugó tres veces: grifo de grifo — grifo de grifo — grifo de grifo.

Para una vuelta derecha, usted conseguirá un latido estable de 12 grifos: "dé un toque al grifo de grifo de grifo de grifo de grifo de grifo de grifo de grifo de grifo de grifo de grifo"

Usted también conseguirá una vibración larga cuando usted está en su última pierna del viaje y cuando usted llega a su destino.

23. Parar direcciones con Toque de Fuerza

¿Si le gusta su Reloj dejar de navegar? Use un gesto de Toque de Fuerza en cualquier punto en los Mapas app para cesar direcciones.

24. Examinar sus fotos iPhone del reloj de Manzana

La Cámara app en su Reloj permite que usted lo use como una demostración remota y contraventana para fotos. De todos modos, usted también puede examinar rápidamente cualquier tiro reciente. Aquellos camino, usted debería asegurar que usted ha pegado un tiro al grupo perfecto antes de recuperar su iPhone.

25. Poner una ciudad de falta para su tiempo app

El Tiempo app en su Reloj de Manzana puede comprobar una diferente de ciudades, como su Posición corriente. Para cambiar el ajuste de posición de falta, visite el Reloj de Manzana app en su iPhone, y luego vaya a Mi Reloj> Tiempo> Ciudad de Falta.

26. Cerrar sus anillos

El Reloj de Manzana levanta su humor para el día entero mucho tiempo cierran sus anillos de ejercicio. Para averiguar como usted hace, críe el Ejercicio app.

27. ¿Cómo usar Manzana para mirar ECG?

En el Reloj de la cuarta generación, Cupertino ha añadido la capacidad de comprobar su ECG de su reloj llevable. Hacer así, grifo en las aplicaciones ECG en su Reloj, y luego sostener su dedo en la corona digital durante al menos 30 segundos mientras las señales eléctricas cardíacas son medidas. Aprenda más sobre ECG en el capítulo 26.

28. Concentrado

Para concluir, usted también puede usar el incorporado respiran app para relajarse. En el app, use la Corona Digital para ponerse de cuantos minutos de alientos le gustaría guardar la pista. Después, golpee el Principio y relaje.

Dentro de la Manzana miran la serie 5

los Apple ponen tan mucho cuidado en la ingeniería de los materiales de caso cuando hacemos la tecnología ellos contienen. Ellos ahora ofrecen cuatro elementos decorativos, incluso el titanio. Cada uno de los metales y el uso de cerámica fue con cuidado tramado por la Manzana para realzar sus calidades inherentes sacando una belleza distintiva.

• Acero Inoxidable.

• Aluminio.

• de Cerámica.

• Titanio.

Acero Inoxidable.

El acero inoxidable es conocido para su durabilidad y resistencia a la corrosión, y el acero inoxidable es un principal de watchmaking tradicional. Este metal le dio un fin parecido a un espejo y lo hizo utilización el 80 % más difícil de un proceso específico que forja frío de su invención.

Aluminio.

El Reloj de Manzana usa 7000 aluminio de grado aeroespacial de serie que es muy fuerte inmediatamente e increíblemente encenderse. Esto es una aleación similar usada en el iPhone XR. Y ahora, el aluminio usó en la Serie de Reloj de Manzana 5 caso es el 100 % reciclado.

De cerámica

El blanco brillante por la Manzana tramó el de cerámica para ser improvisado resistente y muy duradero. Asegurarlo mantendrá sus miradas aturdidoras hasta después de muchos años de la ropa.

Titanio.

El titanio es encontrado en los relojes de Manzana más exclusivos, y el titanio es confiable, ligero, y hermoso. Para el fin de titanio natural, ellos desarrollaron una superficie especial que cubre que previene yellowing, manchar, y la exposición de huellas digitales. El Espacio Negro es creado con el mismo uso de proceso de DLC para el acero inoxidable, cediendo un fin exquisito.

Las cintas de Reloj de Manzana.

Las cintas de Reloj de manzana son bien diseñadas para ser fácilmente intercambiables. Ellos pueden deslizarse en y lejos, entonces usted puede cambiar suavemente cintas cuando usted corre del gimnasio a la comida.

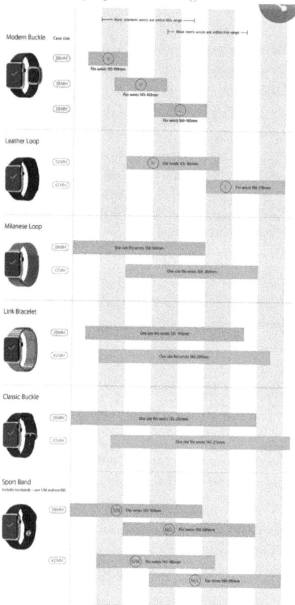

Reloj de manzana que pone la talla a guía

Seleccione de cueros elegantes, fluoroelastomer de alto rendimiento, el nilón flexible teje, o cintas metálicas si esto es lo que usted quiere.

Con muchos colores y broches inteligentes, su Reloj de Manzana puede parecer a un nuevo reloj, repetidas veces.

La tecnología que lo hace hacer tictac.

Serie de Reloj de Manzana 5 paquetes con capacidades en una huella tan pequeña es más bien una huella digital. Metido la superficie Ilusoriamente simple son muchas hazañas masivas de la ingeniería.

"Poder bajo extremo" demostración de LTPO. El polisilicio bajo de temperaturas y el óxido muestran estructuras. Y la arquitectura de pixel inventada de nuevo que permite la pendiente de frecuencia de regeneración de pantalla de 60 Hz a 1 Hz que bebe a sorbos poder cuando el reloj de Manzana es inactivo. Un nuevo chofer de poder bajo, la administración de poder ultraeficiente, y un nuevo trabajo de sensor ligero ambiental juntos tan la demostración pueden quedarse siempre en con hasta 18 horas de la duración de la pila. El S5 es un Sistema completo en el Paquete (Sorbo), con el sistema entero fabricado en un componente solo.

Brújula de GPS de Manzana mira 5

Brújula y rasgos de posición.

El magnetómetro incorporado GPS descubre el norte magnético entonces automáticamente se adapta para mostrar el norte verdadero, entonces usted se identificará ahora qué camino usted afronta en los Mapas App. Trabajos de GPS en la combinación con datos de terreno para decirle su elevación corriente, y este es grande para pruebas al aire libre.

La serie de Reloj de manzana 5, la Duración de la Pila que dura todo el Día, fue probada por la Manzana en el agosto de 2019 usando la Serie de Reloj de Manzana de preproducción 5 (GPS). Y Serie de Reloj de Manzana 5 (GPS + Celular), ambos se aparearon con un iPhone; todos los dispositivos probados con software de versión preliminar. La duración de la pila varía por uso, cobertura celular, configuración, y otros factores; los resultados actuales varían

Beneficio médico-hospitalario de Serie de Reloj de Manzana 5

Monitor de Salud Práctico

El Reloj de Manzana anima una vida más sana. Esto puede monitores su precio de corazón y avisarle si algo se equivoca. Esto le ayuda a guardar la pista de ciclo menstrual femenino y grifos si el ruido nivela la subida al punto que podría afectar su audiencia normal. Usted puede añadir que las complicaciones como Respiran, Precio de Corazón, y el Ruido a su reloj de Manzana los afronta y guarda la cumbre de la mente a lo largo de su día. Esto es el primer reloj que tiene cuidado con usted.

ECG en su muñeca.

En cualquier momento, en cualquier sitio. Con el ECG app, la Serie de Reloj de Manzana 5 es muy competente en la generación de un similar ECG a un electrocardiograma solo de plomo. Esto es un logro significativo para un dispositivo llevable que puede proporcionar datos críticos para doctores y tranquilidad de ánimo para usted.

Su dedo puede decirle mucho sobre su corazón. Electrodos incorporados en la Corona Digital y el trabajo de cristal trasero juntos con el ECG app para leer las señales eléctricas del corazón. Sólo toque la Corona Digital para generar una forma de onda ECG en sólo 30 segundos. El ECG app puede especificar si su ritmo de corazón muestra signos de atrial fibrillation. — un tipo severo de ritmo de corazón irregular — o ritmo de seno normal, el que significa su corazón golpea en un modelo sano y regular.

36

Como usar el ECG app

Los precios de corazón excepcionalmente altos o bajos y los ritmos de corazón irregulares (conocido como arrhythmias) podrían ser signos de una condición severa que amenaza vida. Pero varias personas no reconocen los síntomas, entonces el

Las causas subyacentes a menudo van no diagnosticadas. Con notificaciones en el Precio de Corazón app, la Serie de Reloj de Manzana 5 puede comprobar su precio de corazón. Y urgentemente alértele a estas irregularidades — de modo que usted pueda tomar medidas y consultar a su doctor.

Rastree su ciclo con un grifo.

El Ciclo que Rastrea App le da una perspicacia en su ciclo menstrual. Esto puede ayudar a proporcionar una imagen más clara de su salud total. Además de confirmar simplemente que usted se prepara, usted tendrá la información suplementaria para ayudarle a rastrear cualquier irregularidad y síntomas y mejorar discusiones con su doctor.

Caja fuerte del sonido.

El ruido de ambiente puede elevarse a niveles que pueden afectar su audiencia sin su hasta realización de ello. El nuevo Ruido app sentidos cuando el rugido de la muchedumbre de mirada o el estruendo de maquinaria alcanza un nivel que puede la postura un riesgo. Entonces usted puede andar lejos o tapar hasta dan a sus oídos una ruptura necesaria.

Tome un respiro.

La toma de minutos a lo largo del día para pararse, para relajarse, y practicar consciente puede ayudar a reducir la tensión y mejorar el estado físico y en general mental. Respirar app le guarda centrado conduciéndole por una sucesión de alientos que se calman. Está disponible en la cara de reloj de Manzana, entonces usted puede devolver el foco hasta su día sólo levantando su muñeca.

Los Apps que hacen la mejor salud.

El reloj derecho apps puede desempeñar un papel importante en incitación de usted a mantenerse al corriente de rutinas sanas. Si usted tiene que manejar una condición como la diabetes, haga opciones de alimento más sanas, o reduzca la tensión, hay un app diseñado para ayudarle prioritize su objetivo. Y ahora que la Tienda de App decente es correcta en su muñeca, es aún más fácil encontrar la gran salud apps con su reloj.

Dexcom G6 Móvil. Si usted maneja el tipo 1 o escribe a máquina 2 diabetes, usted puede comprobar ahora sus niveles de glucosa de un vistazo con este App.

YAZIO. Este App puede ayudar a registrar sus comidas rápidamente, calcular calorías, y pista su actividad para su plan de menú de dieta.

Meditopia. Esto también puede ayudarle a reducir la velocidad con en marcha mediaciones de modo que reducir la tensión, mejorar el sueño, y encontrar más felicidad.

Descubrimiento de caída de Reloj de manzana

La Serie de Reloj de Manzana 5 puede descubrir rápidamente que usted se ha caído. Cuando un incidente como este pasa, una alarma de caída difícil es entregada, y usted puede iniciar una llamada a urgencias o despedir la alarma. Si usted es insensible después de que 60 segundos, la llamada de emergencia colocará automáticamente. Su lista de contactos en caso de emergencia será puesta en contacto entonces, notificada, y enviada su posición.

Vocación de emergencia internacional.

Ahora con la Serie de Reloj de Manzana 5, usted puede completar una llamada a urgencias en cualquier parte del mundo. Para hacer este, sólo presione y sostenga el botón de lado en la Serie de Reloj de Manzana

5 con el Celular y usted se unirá con la ayuda que usted necesita. Esto puede trabajos aun si usted no está en ninguna parte cerca de su iPhone.

El CAPÍTULO 3

El Compañero de Prueba último nunca descansa.

Whether usted es un atleta o usted quiere rastrear su actividad diaria, Serie de Reloj de Manzana 5 apoyos usted entrena más elegante conseguir resultados más rápido. Ahora con una demostración esto es continuamente conectado, su métrica son siempre visibles, entonces usted nunca debería pararse y levantar su muñeca para ver como usted hace. Y con más de 50 millones de canciones para correr de la Música de Manzana, usted ha adquirido toda la motivación que usted tiene que seguir moviendo.

Las pruebas que no se marchan.

Cuando Ciclismo, yoga, natación, formación de intervalo de intensidad alta. Sólo llame ello, Serie de Reloj de Manzana 5 medidas ello. Ponga sus objetivos específicos de prueba, luego ver resúmenes llenos cuando usted termina y pista como usted es trending con el tiempo en la Actividad app en su iPhone. Reloj de Manzana 5 trabajos para usuarios de silla de ruedas, con dos pruebas de silla de ruedas específicas diferentes.

No pare lo que usted hace para ver como esto va. La Prueba app ha mejorado para la nueva demostración. Si usted sostiene una postura o nada algunos regazos, su métrica es siempre visible, cada segundo doloroso. De nada.

Métrica nadadora

Golpes de intelecto. El reloj de manzana tiene el Echar agua resistente a 50 metros, y la Serie de Reloj de Manzana 5 es bien diseñada con nadadores en mente. Las hendiduras de archivos de prueba de Nadada de Fondo y los juegos y realmente pueden reconocer su golpe. La prueba de Nadada de Echar agua Abierta visualiza su ruta en un mapa.

El correr de la métrica que es un largo

La Serie de Reloj de Manzana 5 es hecha para tomar al corredor más progresivo adelante. Las alarmas de paso le dan un grifo suave en la muñeca para permitir que usted sepa si usted es detrás o delante donde le gusta ser. La cadencia permite que usted vea sus pasos por minuto y le ayuda a perfeccionar su técnica de correr. Y el balanceo del paso continuamente actualiza, permitiéndole ver su hendidura para la milla precedente siempre

Saber exactamente donde usted está de pie

Además de contar escaleras y proporcionar la ganancia de elevación en una prueba al aire libre, la Serie de Reloj de Manzana 5 le da su elevación corriente. Tan si usted sube una colina o desciende en un cañón, usted sabe sólo que alto o bajo usted es.

Relacionado con gimnasio

Con sólo un grifo, usted puede emparejar su reloj con el equipo de gimnasio disponible y compatible. Entonces usted puede guardar toda la métrica esencial como precio de corazón, velocidad, y calorías en la sincronización entre su reloj y la rueda de ardilla, trepador de escalera, usted es conectado.

Juegos con otros

El Reloj de Manzana es la tienda de app del mundo más grande en su muñeca, y hay un tercero app para todas las clases de métodos de redondear su rutina de ejercicio.

Wikiloc. Este App le deja descubrir millones de rastros al aire libre alrededor del globo. Elección entre excursionismo a pie, correr, MTB, esquí, etc.

Redpoint. Esta pista cualquier montañismo y sesiones de roca, y consigue la reacción detallada en sus subidas como la duración, la dificultad de la ruta, y velocidad que sube.

Grupo. Usted puede conseguir un resumen a fondo de su prueba que levanta-rema con pala, incluso duración, velocidad de distancia, golpes de pala, y precio de corazón.

Música de reloj de manzana

Cuando usted es perdido en su música, podcasts, o audiobooks. Con la Música de reloj de Manzana en su muñeca, usted tiene el acceso más de 50 millones de pistas de la motivación musical para guardarle entretenido. Usted puede ponerse al corriente de podcasts más reciente o escuchar a un audiobook. Derrame todo que usted quiere directamente de su reloj, aun si su teléfono no al alcance.

Anillo de actividad

Hay tres anillos. La apreciación de todos los modos que usted se mueve a lo largo del día es una parte integrante de vivir una vida sana.

Serie de Reloj de Manzana 5 espectáculos su movimiento diario como tres métrica simple:

• Movimiento

• Ejercicio

• Soporte.

Éstos encima tres arreglan los anillos de Actividad que rastrean su progreso todo el día. El Reloj de Manzana 5 no le muestra sólo como usted lo hace sino también le retiene yendo con la motivación de entrenamiento personal, premios, y Concursos de Actividad. Es todo que usted tiene que quedarse encendido hasta cerca de sus anillos 365.

Como cerrar sus anillos de Actividad

Movimiento. El anillo de Movimiento rastrea las calorías activas que usted quema. Las calorías activas son estos usted se quema por todos los tipos del movimiento, de tomar la escalera en el trabajo al juego con sus niños.

Ejercicio. El anillo de Ejercicio le muestra cuanto los minutos de la actividad enérgica usted ha hecho, o en vez de calcular o sólo moverse en un paso rápido.

Soporte. La sesión demasiado puede dar ocasión a problemas de salud con el tiempo. Entonces la Serie de Reloj de Manzana 5 le guarda motivado para conseguir ambulated a lo largo del día.

Serie de Reloj de Manzana 5 conectividad

Hacer llamadas telefónicas, a textos, a la ayuda de emergencia alrededor del mundo, Serie de Reloj de Manzana 5 construidas con el Celular que le deja dejar su teléfono y todavía quedarse relacionado. Ahora que la demostración de pantalla es siempre conectada, su información vital permanece delantera y centro.

La libertad de Celular. El Celular Incorporado que le permite va con sólo su reloj. Presente una llamada de la oficina, texto unos pulgares - hasta un compinche, compruebe su correo electrónico — la nueva bestia le guarda relacionado, hasta sin su teléfono.

Escuche

Con nuevo Audiobooks app en la serie de reloj de Manzana 5, teclee títulos de Libros de Manzana

su Lectura Ahora lista es automáticamente sincronizaciones a su reloj de Manzana. El Reloj de Manzana hace más fácil para derramar todos sus acontecimientos favoritos de la Manzana Podcasts, un álbum o playlist de Música de Manzana, o radio viva de estaciones alrededor del mundo.

Dinero fácil.

La Utilización de la Manzana ingresa ahora cómodo con la serie 5, presiona dos veces el ratón el botón de lado y sostiene su reloj al lector de comprobación para usar la Paga de Manzana

Usted puede enviar o recibir el Efectivo de Manzana con los Mensajes app. La Paga de Manzana guarda su información financiera completamente privada y segura.

El CAPÍTULO 4

Reloj de Manzana que compra guía y puntas

Apple y Fitbit a relojeros tradicionales como la Etiqueta Heuer y Fósil, muchas compañías crean smartwatches que traen notificaciones, apps, y más a su muñeca. Incluso aunque los rasgos y los diseños varíen, el smartwatches puede ayudar a salvarle tiempo y guardar mejores etiquetas en su salud.

Muchos smartwatches tienen rasgos de buena forma física incorporados, como un sensor de precio de corazón y GPS. El, por ejemplo, es marketed como un dispositivo enfocado por salud más bien que un reemplazo smartphone.

Algún smartwatches, hasta trabaje independientemente de un teléfono, pero el más son el diseño como sus dispositivos de compañero. ¿Cómo se decide usted qué smartwatch es correcto para sus deseos y presupuesto? Aquí está una guía rápida.

Puntas Rápidas:

Si usted está interesado en uno, aquí están las cosas más importantes de considerar antes de que usted compre cualquier smartwatch:

1. No comprar alguna vez un smartwatch sin confirmar que esto trabajará con su Smartphone. Por ejemplo, la Manzana Mira sólo el trabajo con su iPhones. Sin embargo, otras marcas como la Ropa de Google plataforma de OS y relojes de Tizen de la Samsung trabajarán tanto con teléfonos de Androide como con iPhones. Pero con menos rasgos que si usted los use con un dispositivo de Androide.

2. Seleccionar un reloj con un sensor de precio de corazón y GPS (para rastrear sus carreras) si usted es una piel de ante de buena forma física.

Siempre preste la atención a la duración de la pila calculada delatando. Los relojes híbridos que miran más bien relojes análogos tienden a tener la duración de la pila más ampliada, pero ellos apenas tienen pantallas al tacto.

Asegure que el broche de la cinta de reloj o la hebilla son fáciles de usar y fáciles para cambiar. Además, asegúrese que es fácil para usted para encontrar el reemplazo de las cintas de reloj.

La selección de apps es otro factor importante, pero no es tan significativo como compatibilidad, diseño, y otros rasgos

La Compatibilidad de Dispositivo

Como la mayor parte de relojes de manzana son diseñados para servir como compañeros a su Smartphone, la compatibilidad de dispositivo es muy imperativa. Por ejemplo, el trabajo de poder Tizan de la Samsung con numerosos microteléfonos de Androide así como iPhones, pero es más fácil usar aquellos relojes con un dispositivo de Androide (y exactamente una Samsung un).

El Fitbit Versa también trabaja menos mal con teléfonos de Androide cuando esto hace con iPhones. Pero, Androide telefonean los dueños consiguen realmente un rasgo suplementario que ellos pueden la respuesta rápida a mensajes de texto entrantes.

La Ropa de Google OS mira carreras de sistema operativo en relojes de LG, Huawei, y otros y trabajos con el Androide 4.3 y más alto smartphones. Si usted quiere comprobar si su Smartphone es compatible con Google: vaya a de su navegador smartphone. Un poco de Ropa relojes de OS trabajará con el iPhone. De todos modos, muchos rasgos (como adición apps y unión del reloj directamente a Wi-Fi) no son accesibles cuando el reloj es unido para dispositivos iOS.

La Ropa de Androide 2.0, que estiró en 2017, trajo un montón de nuevos rasgos a relojes. Incluso rasgos avanzados que rastrean buena forma física, apoye para el Ayudante de Google, y la capacidad de instalar apps directamente en el reloj sí mismo. Google marcó de nuevo su smartwatch de la Ropa de Androide para Llevar puesto OS en el marzo de 2018 para reflejar su compatibilidad de plataforma enfadada. Todo lo que usted tiene que hacer es la telecarga la Ropa OS app para unir el reloj a un smartphone.

No milagrosamente, los únicos trabajos con el iPhone. El Reloj de Manzana preinstalado app para el iPhone es donde usted encontrará el watchOS App Tienda. Allí, usted puede instalar las versiones de reloj de su iOS favorito apps o encontrar nuevos.

La tienda presenta todos de juegos al rastreo de buena forma física apps a extensiones de su el más - productividad usada apps entonces usted puede conseguir notificaciones Flojas.

No compre ningún reloj a menos que usted sepa que esto trabajará con su Smartphone.

Función de Smartwatch

Casi todos smartwatches ahora asequibles con el uso una pantalla de cristal líquido vistosa o demostración de AMOLED, que le permite ven fotos, apps, y otro contenido en más color vibrante y tienden a ser más brillantes. El defecto es la duración de la pila más corta, aunque las compañías smartwatch mejoren la eficacia de los dispositivos.

Sus demostraciones en color usan tanto poder que varios relojes apagan sus pantallas mientras ellos están dormidos, entonces usted no puede ver hasta el tiempo sin despertar el dispositivo. Los LCDs tienden a ser más gruesos que OLED, que es los motivos por qué la Manzana desarrolló su primera demostración de OLED para el Reloj de Manzana de la primera generación

Botones contra toque

En la superficie, que opta por una pantalla al tacto en su reloj de Manzana parecería ser una cosa fácil. De todos modos, esto puede hacerse a veces el desafío para apuntar artículos en una demostración de toque más pequeña, y algunos interfaces a base de gesto no son sensibles. La Ropa OS hace un trabajo excelente de presentar notificaciones a base de tarjeta que usted puede despedir fácilmente con un solo asesta un golpe. De todos modos, hay mucho de asestar un golpe preocupado para ponerse a otro apps y opciones dentro de apps. La actualización más reciente le deja cambiar entre naipes con un movimiento rápido de su muñeca.

Con el Reloj de Manzana, la Manzana optó por un acercamiento de grupo, presentando una demostración de toque y tanto corona digital como botón de lado en el lado derecho. Si le gusta, usted puede usar la corona para acercar en el contenido rápidamente o enrollar, y la pantalla de reloj de Manzana aplica fuerza el Toque, que sabe el diferencia entre un grifo y una prensa larga. Una prensa del botón de lado le devuelve a su muelle de apps con frecuencia usado.

El reloj tiene un bisel que usted puede girar para enrollar de primero para durar menús. Éstos son por lo general usados en la combinación con el toque.

Diseño de Smartwatch y Personalización
Mejor los smartwatches dan una opción de correas y la capacidad de cambiarlos para una opción de tercero.

Es muy importante si usted quiere personalizar la mirada de su dispositivo. La mayor parte de los relojes hoy ofrecen opciones de personalización amplias antes de la compra. Por ejemplo, usted puede picotear el color de cinta y el material, así como afrontar el color, el fin, y poner la talla para tales relojes al mismo tiempo en caso del Reloj de Manzana.

Usted debería guardar esto en su mente, la comodidad cuenta mucho, como hace la facilidad con la cual usted puede sujetar el reloj a su muñeca. Evitaríamos cualquier reloj con broches torpes que requieren que demasiada fuerza se abra y se cierre. Por suerte, los relojes de Manzana más nuevos usan hebillas estándares.

Cada vez más los relojes de otros son caras redondas deportivas ahora, haciéndolos mirar más bien relojes tradicionales. Los de Newer se hacen más delgados, más pequeños, y más elegantes.

Alarmas y Notificaciones

Cualquier reloj bueno le alertará a todas las llamadas entrantes, correos electrónicos, y mensajes de texto con un zumbido rápido a su muñeca, que puede ayudarle de manera sutil a comprobar si vale la pena contestar o no. Pero usted debería buscar la integración de red social para notificaciones de sitios sociales como Facebook y Gorjeo.

Usted debe asegurar que usted será capaz de comprobar rápidamente todas sus notificaciones más recientes, aun si usted los pierde cuando ellos primero entran. Por ejemplo, el Reloj de Manzana le deja asestar un golpe abajo de la cumbre de la pantalla para ver a un Centro de Notificación mientras Ropa OS le permite asestar un golpe del fondo para ver su última notificación.

Algunos smartwatches ahí ofrecen más opciones de personalización. S3 de Marcha de Samsung usa al Gerente de Marcha app en su teléfono para ayudarle a decidirse qué notificaciones llegan a su muñeca. Hay, también, un rasgo de Relevo Elegante. Sólo recoger su teléfono con la notificación mostrada en su reloj de Marcha abrirá la correspondencia app en la pantalla más grande.

El Reloj de Manzana permite que usted ajuste ajustes de notificación en el Reloj de Manzana app para iOS. Usted puede seleccionar para reflejar las notificaciones de su iPhone o personalizarlos.

El CAPÍTULO 5

Serie de Reloj de Manzana 5 revisión experta

Tél la Serie de Reloj de Manzana 5 no va a impresionarle lejos del mismo modo como el Reloj de Manzana 4 hizo – pero esto hace las maletas realmente un, muy importante, mejora sobre el modelo del año pasado.

Mientras el iPhone es similar todo el tiempo estos días. La Serie de Reloj de Manzana 5 se sometió a una revisión significativa el año pasado, entonces no mucho fue esperado en términos de mejoras este año.

Sin embargo, hubo un cambio significativo: el Reloj de Manzana 5 demostración no apaga. Su nuevo siempre - en la demostración permite que usted eche un vistazo abajo a su Reloj - si esto está en una reunión o una prueba - y ver lo que está en la pantalla.

Anunciado junto con el extenderse 11 de iPhone en el acontecimiento de lanzamiento de este año, la Manzana ha confirmado que el Reloj de Manzana 5 fecha de liberación es el viernes, 20 de septiembre de 2019. Esto es el mismo día que nuevo iPhones.

Serie 5 Diseño y demostración

Adhesivo con la misma tecnología OLED esto le ha ayudado tan bien durante los años, el Reloj de Manzana 5 viene con una demostración brillante y viva que esto es fácil para ver en su muñeca.

Aquí está el cambio significativo:

 La manzana acaba de caerse el 'levantan a la estela' funcionalidad para ver el tiempo o una notificación (donde usted debe tener que chasquear o levantar su muñeca para encender la demostración).

Tenemos que impresionar la exactitud que los Relojes de línea más tempranos han estado en saber cuando usted mira en la pantalla. Pero ahora esto está por todas partes. Usted puede ver o la demostración en excelente, brillante, o la demostración de OLED se atenuará macizamente, y usted será capaz de ver toda su información clave.

En nuestras pruebas con ello, esto era indudablemente una habilidad útil para el reloj para adelantar. De la ventaja específica era el hecho esto trabaja en la Prueba app, cuando usted puede ver ahora lo que está en la pantalla sin necesidad chasquear la muñeca.

En una prueba de fuerza o rápido dirigido, usted no necesita que extra moleste - y es grande ver la Manzana dejarlo caer. Pero, no está claro como este trabajará con el tercero apps, entonces tendremos que probar lo que en nuestro detalle examina.

Pero en de ver cualquier ángulo, en particular, son muy impresionantes cuando el Reloj 5 es débil. Usted puede verlo de más o menos cualquier modo que usted quiere bizquear en ello, y esto es algo necesario y notable.

Los diseños de 40 mm y de 44 mm más grandes para la Serie de Reloj de Manzana del año pasado 4 permanecen, que otra vez es esperan por un par de motivos. En primer lugar, la Manzana guarda diseños relacionados durante años repitiendo en sus productos. Por otra parte, esto significaría hasta más tamaños de cintas y accesorios en el mercado.

El cuidado de cosas simples hace el mercado de tercero más emocionante y maduro, así hay un objetivo divino de retener los modelos de 44 mm y de 40 mm grandes.

El diseño del Reloj de Manzana 5 es cuando el más esperaría.
Bordes doblados con las pequeñas rejas de altavoz en (que, recuerde, puede hablarle y decir que usted bebe a lengüetadas o parte tiempos cuando usted corre alrededor). Así como la resistencia de echar agua hasta 5ATM presión - tan nadador con este reloj es chula.

El cambio más grande sabio de diseño en los materiales usados - la Manzana ha mostrado el Reloj 5 en nuevo de cerámica y variantes de titanio (aunque el antiguo haya usado en modelos más viejos). En una oferta de levantarse la variedad de puntos de precios, esto puede vender su smartwatch.

Éstos se sienten bien en la muñeca, aunque no fuéramos impresionados por la opción de cerámica cuando esto primero salió. Bien, posiblemente, podríamos decir con otras palabras esto - se sintió superior seguro, pero esto no sintió completamente el valor que la Manzana en efectivo suplementaria solicitaba para ello.

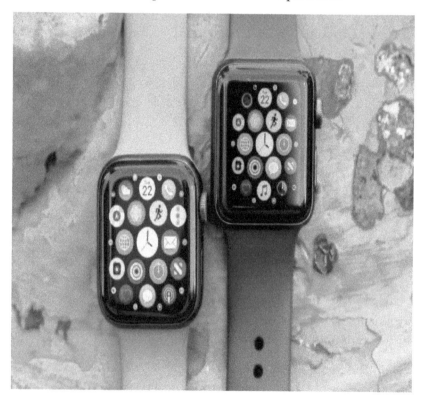

Pero entonces otra vez, no somos el mercado objetivo de bling que este dispositivo aspira maniquís. Incluso aunque el coste del modelo de titanio esté un poco escarpado, presente el Reloj de Manzana en un nuevo material podría atraer, otra vez, la mejora.

No hay mucha diferencia en absoluto entre la Serie de Reloj de Manzana 4 y Serie 5 - este es sólo una actualización a aquel modelo. Sin embargo, la demostración grande y los bordes doblados todavía se sienten elegantes en la muñeca. Y la variedad que retoña de cintas (no sólo de la Manzana) lo hace una opción decente para dueños iPhone.

Rasgos de buena forma física

La manzana no ha añadido considerablemente en el camino de la capacidad de buena forma física con la nueva Serie de Reloj 5, gracias a allí no ser una cantidad enorme del nuevo hardware para trabajar.

El monitor de ECG también permanece, pero era el titular del año pasado, y comienza a conseguir la autorización médica en muchos países ahora.

El rastreo de sueño muy jactadose no llegó, que tiene sentido cuando la duración de la pila no ha mejorado. De todos modos, usted será capaz de rastrear la variedad llena de opciones de buena forma física (de correr a la natación) del reloj - así como rastrear su salida en el equipo de gimnasio como steppers o ruedas de ardilla, etc.

La serie de reloj de Manzana 5 Procesador

El chipset en serie 4 es llamado la Manzana S4, apoyado con 16GB de la capacidad de almacenamiento para apps o música. La duración de la pila era 18 horas, según la Manzana, que pareció bastante exacta en nuestro año del uso: hemos sido capaces a eke dos viajes de un día de nuestros 44 mm sin demasiado esfuerzo.

Por otra parte, la Serie de Reloj de Manzana 5 consigue 64 trozos, procesador de S5 dual principal (la capacidad del almacenamiento no ha anunciado). Otra vez, la Manzana ha reclamado 18 horas de la duración de la pila. Es manejado para conseguir esto sin el siempre - en la demostración que consume la duración de la pila.

Gracias a la nueva administración de poder y el Óxido Policristalino Bajo de temperaturas emocionantemente llamado (LTPO) muestran, un modificado de OLED esto es mucho más eficiente de energía que el OLED usado en la Serie de Reloj de Manzana 4. Esta tecnología existió realmente en serie 4, pero el llevable no fue programado para sacar el mayor partido posible de ello.

El LTPO usa una cantidad más pequeña de la energía de guardar la pantalla actualizada, y es en particular útil en frecuencias de regeneración inferiores. Durante la tónica, que esto también puede mover fácilmente de frecuencias de regeneración tan altas como 60 Hz a 1 Hz positivamente parecido a una pereza, según lo que usted necesita.

Takeaway

La manzana tenía "siempre - en", que ha sido la muy superior de nuestra lista de deseo desde la primera generación. La Serie de Reloj de Manzana 4 es mucho más rápida para encender que cualquier demostración de Reloj de Manzana previa. Pero la necesidad de despertar nuestro reloj todavía nos trastorna, y lo hace casi imposible de comprobar el tiempo disimuladamente cuando nos aburrimos en reuniones. Para aquel rasgo solo, estaríamos de acuerdo que la Serie de Reloj de Manzana 5 es mejor que la Serie 4.

Pero hay más al Reloj de Manzana 5 que sólo la demostración, tan abundante como es. La brújula hace cualquier navegación – tierra, mar, o aire – esto poco mejor. Hay una opción más amplia de materiales y colores, aun si algunos de ellos son tan de modo divertido caros, que la mayor parte de nosotros no echarán un vistazo hasta a su sección de la Tienda de Manzana. Y esto va a ser que un poco smoother gracias a su procesador S5.

Reloj de Manzana 5 fecha de liberación y precio

Wel e atestiguó el acontecimiento del 10 de septiembre, el Reloj de Manzana 5 lanzará, pero podemos hacer una conjetura culta. Esto es la compra que vale la pena del Reloj de Manzana 5right ahora cuando el dispositivo tiene sólo un par de semanas, y esperamos liberar de la compañía de Manzana pendiente el 20 de septiembre de 2019.

Reloj de manzana 5

Hablando en general, el Reloj de Manzana 3 y Reloj de Manzana 4 es ambo introducido en septiembre de sus años respectivos. Entonces la compañía siguió realmente un traje similar para su Serie de Reloj de Manzana 5 dispositivo.

Con Regularidad la Manzana introduce dispositivos y luego los libera diez días más tarde también, entonces esta versión también estará disponible después de diez días del gran acontecimiento.

Manejo excepcional e información de seguridad sobre reloj de Manzana

Mi querido, usted debería tomar las precauciones necesarias para proteger. El fracaso de seguir esta información de seguridad podría causar el fuego, la sacudida eléctrica, la herida, o dañar a su reloj de Manzana u otra propiedad. Lleve tiempo y lea toda la información de seguridad en este capítulo antes de usar su nueva Serie de Reloj de Manzana 5.

Modos de manejar Reloj de Manzana.

El Reloj de Manzana cubre el caso arreglado de varios materiales. Esto incluye el Reloj de Manzana 316L acero inoxidable, de cerámica, y cristal de zafiro. El Deporte de Reloj de Manzana 7000 series tienen el aluminio, cristal de Ión-X que es reforzado cristal, plásticos.

Edición de Reloj de Manzana

Es arreglado de oro de 18 quilates, cristal de zafiro, el Reloj de Manzana de cerámica contiene la maquinaria electrónica sensible, y puede ser estropeado de ser dejado caer, se quemó, pinchado, o se arrugó. Sin embargo, usted no debería usar ningún Reloj de Manzana dañado. Como uno con una pantalla rajada, intrusión de echar agua visible, una cinta dañada, porque esto puede causar la herida. Guárdelo lejos de la exposición pesada para quitar el polvo o a arena.

Reparación de Reloj de Manzana

No abra alguna vez el Reloj de Manzana, y no trate de fijar el Reloj de Manzana usted mismo. Los motivos son que el desmontaje del Reloj de Manzana puede dañarlo quizás, causar el fracaso de la resistencia de echar agua, y puede causarle la herida también. Si el Reloj de Manzana funciona mal o dañado, póngase en contacto con una Manzana Abastecedor de Servicio Autorizado.

Batería de Reloj de manzana

No trate de sustituir la batería de Reloj de Manzana por usted. Usted puede dañar probablemente la batería, que podría causar el sobrecalentamiento y la herida subsecuente. La batería de ion litio en la Manzana Reloj elegante debería ser atendida sólo por un abastecedor de servicio calificado autorizado. Usted podría recibir un Reloj de Manzana de reemplazo pidiendo al servicio de batería. Las baterías deben ser recicladas y apropiadamente eliminadas por separado de la basura de la casa. Usted nunca debería incinerar la batería.

La distracción a veces puede ocurrir usando el Reloj de Manzana. En algunas circunstancias puede causar una situación peligrosa (por ejemplo, evitar texting conduciendo su coche o usando audífonos montando una bicicleta).

Observe todas las reglas que prohiben o restringen el uso de teléfonos móviles o audífonos (Pero usted puede permitir usar opciones sin manos para hacer llamadas conduciendo).

Navegación de Mapas

La manzana mira la serie cinco construido - con Mapas de capacidad GPS, direcciones, y apps a base de posición dependen en servicios de datos. Estos servicios de datos son sujetos de cambiarse de vez en cuando. Ellos pueden no ser asequibles en todas las áreas, causando mapas, direcciones, o instrucciones a base de posición que pueden ser no disponibles, inexactas, o incompletas. Algunos rasgos de mapa requieren sus Servicios de Posición. Siempre compare la información proporcionada por el Reloj de Manzana a sus alredededores y defiera a signos fijados para resolver cualquier discrepancia. No use estos servicios mientras haciendo actividades que necesitan su atención llena.

Para siempre, cumpla con señales de tráfico fijadas y las leyes y reglamento o reglamentación en las áreas donde usted usa el Reloj de Manzana y en todos los tiempos usan su sentido común.

Como cobrar Reloj de Manzana

Para cobrar el Reloj de Manzana, use sólo el Reloj de Manzana cable de cobro Magnético, y esto es el adaptador de poder. Para Edición de Reloj de Manzana, el Reloj de Manzana incluido Magnético. Usted puede usar probablemente cables de Relámpago de tercero con 5W adaptadores de poder que presentan un logotipo MFi. Es imperativo guardar el Reloj de Manzana, el Reloj de Manzana cable de cobro Magnético, y el adaptador de poder en un área seca, bien ventilada cobrando. Cobrando la Manzana Edición de Reloj elegante en el Reloj de Manzana caso de cobro Magnético, siempre guarde el caso abierto. La utilización de un Reloj de Manzana daña el cable de cobro Magnético o el cobro del caso cuando la humedad está presente, puede causar el fuego, la chispa, la sacudida eléctrica. Que puede causar la herida o dañar al Reloj de Manzana u otra propiedad.

Asegure que, Reloj de Manzana y el Reloj de Manzana cable de cobro Magnético o Reloj de Manzana el caso de cobro Magnético está bien seco antes de cobrar siempre que usted use el Reloj de Manzana cable de cobro Magnético o Reloj de Manzana caso de cobro Magnético para cobrar el reloj de Manzana. Asegúrese que su enchufe de USB insertó totalmente en el adaptador antes de que usted tape el adaptador en una salida de poder.

Usted debería evitar cobrar el Reloj de Manzana en la luz del sol directa. Además, recuerde; no lleve puesto su smartwatch mientras esto culpa.

Cable de relámpago y conector

El cable de relámpago y el conector deberían evitar el contacto de piel prolongado. Con el conector cuando el Relámpago al cable de USB es tapado en una fuente de alimentación porque esto puede causar la irritación o la herida. Dormir o la sesión en el conector de Relámpago deberían ser evitados.

Exposición de calor prolongada a Reloj de Manzana.

La Manzana smartwatch cable de cobro Magnético, el Reloj de Manzana caso de cobro magnético, y el adaptador de poder cumple con estándares superficiales de temperaturas apropiados y límites. De todos modos, hasta dentro de estos límites, el contacto sostenido con superficies calientes durante períodos ampliados puede causar el dolor o la herida. La Manzana Smartwatch y cable de cobro magnético, el Reloj de Manzana caso de cobro Magnético, y el adaptador de poder se hará muy caliente cuando enchufado una fuente de alimentación. Use la precaución universal para evitar situaciones donde su piel está en el contacto prolongado con el Reloj de Manzana. El cable de cobro magnético del Reloj de Manzana, el Reloj de Manzana caso de cobro magnético, o el adaptador de poder durante períodos largos cuando ellos son enchufados. Por ejemplo, mientras el Reloj de Manzanas culpa o el Reloj de Manzana cable de cobro magnético, o caso de cobro Magnético. El adaptador de poder es tapado en una salida de poder de modo que usted no duerma en ellos o los coloque bajo una manta, almohada, o su cuerpo. Tome el cuidado extraordinario si usted tiene algún estado físico que afecta su capacidad de descubrir el calor contra el cuerpo. Siempre quite la Manzana Reloj elegante si se hace inquietantemente caliente.

Sonido que escucha en volumen alto

La audiencia de la pérdida puede resultar Escuchando para sonar en volúmenes altos puede dañar su audiencia. El ruido de fondo, así como la exposición constante a niveles de volumen altos, pueden hacer sonidos parecer quieter que ellos son. Por lo general, encienda la repetición de audio y asegúrese que el nivel de volumen antes de insertar un Bluetooth se unió el audífono en su oído es dentro del nivel de seguridad. Para impedir el potencial oír el daño, no escuche a niveles de volumen altos para la exposición Radiofrequency. La Manzana Reloj Elegante usa señales de radio unirse a redes inalámbricas.

Interferencia de Radiofrequency

Usted también debería observar los signos y avisos que prohiben o restringen el uso de dispositivos electrónicos (por ejemplo, en instalaciones de asistencia médica o áreas de voladura). Incluso aunque la Manzana Reloj elegante, el Reloj de Manzana cable de cobro magnético, y el Reloj de Manzana caso de cobro magnético sea mejor diseñada. Probado, y fabricado para cumplir con reglamento o reglamentación emisiones de radiofrecuencia gobernantes, entonces todas las emisiones de Reloj de Manzana. El Reloj de Manzana cable de cobro magnético y el Reloj de Manzana caso de cobro magnético puede afectar negativamente la función de otro aparato electrónico, haciéndolos funcionar mal. La mejor cosa de hacer es desenchufar el Reloj de Manzana cable de cobro magnético. Así como el Reloj de Manzana caso de cobro magnético. Apage el Reloj de Manzana o use el modo de Aeroplano cuando el uso del Reloj de Manzana es prohibido, como viajando en el avión, o cuando preguntado hacer así por autoridades estatales.

Interferencia de dispositivo médica

El Reloj elegante de la manzana contiene componentes y radioes que emiten ondas electromagnéticas. El Reloj de Manzana, algunas cintas, el Reloj de Manzana cable de cobro magnético, y el Reloj de Manzana caso de cobro magnético encierra imanes. Estas ondas electromagnéticas e imanes pueden impedir con marcapasos, desfibriladores, y otros dispositivos médicos.

Siempre mantenga una distancia segura de la despedida entre su dispositivo médico y Reloj de Manzana, sus cintas, la Manzana Reloj elegante cable de cobro magnético, y el Reloj de Manzana caso de cobro magnético.

La cosa más importante es consultar a su médico y compañía de dispositivo médica para la información específica a su dispositivo médico. Deje de usar el Reloj de Manzana cuando sus cintas o el Reloj de Manzana cable de cobro magnético, y el Reloj de Manzana caso de cobro magnético. Si usted espera, ellos interfieren con su marcapasos, audífonos, desfibrilador, o cualquier otro dispositivo médico.

El Reloj de Manzana no es un dispositivo médico. De todos modos, esto tiene el sensor de precio de corazón, y esto ha sido el Reloj de Manzana incluido apps no son dispositivos médicos y son queridos para la buena forma física sólo. Ellos no son diseñados para el uso en el diagnóstico clínico de una enfermedad u otras condiciones o la cura, aliviando el tratamiento, o la prevención de la enfermedad médica.

Antes de comenzar o modificar cualquier programa de ejercicio físico usando la Manzana Reloj elegante, consulte a su médico. Esté cauteloso y atento ejerciendo. Deje de entrenarse si usted experimenta el dolor o se siente mareado, mareado, agotado, o salvo el aliento.

A consecuencia de ejercer, usted asume todos los riesgos naturales asociados, incluso cualquier herida que puede resultar de tal actividad. Si usted tiene alguna condición médica que usted considera podría ser afectado por el Reloj de Manzana (por ejemplo, asimientos, apagones, vista fatigada, y dolores de cabeza), es mejor consultar a su médico antes de usar el Reloj de Manzana.

Dispositivo de atmósferas explosivo

Cobrando o usando el Reloj de Manzana en cualquier área con un potente, tense la atmósfera. Como áreas donde el aire contiene niveles altos de gases inflamables, vapores, o partículas (como grano, polvo, o polvos metálicos), puede ser arriesgado. Cumpla con todos los signos e instrucciones.

Tome la nota de actividades de consecuencia alta. El Reloj de Manzana no es deseado para el uso donde el fracaso del dispositivo podría conducir a cualquier pérdida de vida, herida personal, o consecuencias ambientales severas.

Ahogando el riesgo, algunas pequeñas cintas de Reloj de Manzana pueden presentar un riesgo sofocante a pequeños niños. Guarde estas cintas lejos de alcanzar a pequeños niños.

Reacción de sensibilidad de piel

Algunas personas pueden experimentar reacciones de piel a ciertos materiales usados en joyería, relojes, y otros artículos llevables que están en el contacto prolongado con su piel. Puede ser debido a alergias, factores ambientales, exposición, extensa a irritantes como jabón, sudor, u otras causas.

Usted puede ser más obligado de experimentar la irritación de cualquier dispositivo llevable si usted tiene alergias y otras sensibilidades. Si usted ha reconocido sensibilidades de piel, por favor tome el cuidado especial llevando puesto el Reloj de Manzana. Usted más probablemente puede experimentar la irritación de la Manzana Reloj elegante si usted lo lleva puesto demasiado fuertemente. Tira humorística de Reloj de Manzana periódicamente para dejar a su piel para respirar.

El cuidado de Relojes elegantes y la cinta limpia y seca reducirá seguramente la posibilidad de la irritación de piel. Si usted experimenta cualquiera de reparación, hinchazón, picante, o algún otro signo de irritación o incomodidad en su piel, o bajo, su Reloj de Manzana, por favor quítelo y consulte a su médico antes de la ropa que continúa. Uso persistente, hasta después de que los síntomas se hunden, puede causar una irritación aumentada.

Hipersensibilidad de níquel

Manzana Reloj Elegante, en particular, el Deporte de Reloj de Manzana gris espacial, las porciones de acero inoxidables de un poco de Reloj de Manzana dividen en bandas, y los imanes en el reloj y grupos tienen un poco de níquel. La exposición del níquel a estos materiales es improbable. De todos modos, los clientes con la hipersensibilidad de níquel conocida deberían ser atentos llevándolos puesto hasta cuando ellos pueden determinar que ellos no experimentan una reacción alérgica.

El Reloj de Manzana, el Lazo Milanese, Hebilla Moderna, y las cintas de Lazo de Cuero comprenden de cantidades de rastro de methacrylates de pegamentos. El Methacrylates por lo general encontraba en muchos productos de consumo que son expuestos a la piel, incluso vendas adhesivas. Sin embargo, algunas personas pueden ser sensibles a ellos o aumentar sensibilidades con el tiempo.

Los materiales usados en el Reloj de Manzana y las cintas de Reloj de Manzana deben encontrarse con el juego de estándares en la joyería por la Comisión de Seguridad de Producto de Consumo estadounidense, reglamento o reglamentación europeo aplicable.

El CAPÍTULO 7

Como ser comenzado
Su Reloj de Manzana puede responder a sus gestos.

Yof le gusta usar el Reloj de Manzana y su apps, esto requirió estos gestos. El Reloj de Manzana muestra no sólo responde a gestos a base de toque solos, como golpeado y golpeadura, sino también usa (FTT) la Tecnología de Toque de Fuerza para actuar en respuesta a la pequeña presión de su Grifo de yema del dedo.

Como poner su Reloj se aparean con el iPhone

Hacia el sistema, Miran este libro le dirigirá por unos pasos simples para emparejar el Reloj de Manzana con su iPhone y hacerlo customaries a su deseo. Si usted tiene alguna dificultad que ve el Reloj de Manzana o pantalla de iPhone para ponerlo establecido y el par

Aquí están las soluciones; Actualice su iPhone a la versión 8.2 de software iOS o mucho más tarde. Entonces, vaya a Ajustes> General> Actualización de Software, que incluye el Reloj de Manzana de compañero de viajes app. Después de esto, abierto el Reloj de Manzana app en su iPhone.

Ponga su Reloj de Manzana sobre su muñeca, presione y sostenga el botón de lado hasta que usted vea las demostraciones de logotipo de Manzana en la pantalla.

Una vez apuntado, usted debería colocar su iPhone de modo que el Reloj de Manzana aparezca en el visor de cámara en su pantalla de iPhone. Estrictamente siga las órdenes en iPhone y Reloj de Manzana para asegurar el fin de sistema exactamente. Es vital durante la sesión de sistema; usted seleccionará su lengua deseada, su orientación de reloj, y su passcode.

Aquí está otra precaución esencial antes de ser comenzado.

Usted puede tener que cargar su dispositivo a la batería capacidad llena antes de emparejarlo con iPhone de modo que usted experimente cualquier interrupción de poder durante la sesión de sistema.

Para la mejor interpretación de su Reloj de Manzana, siempre cambie o limpie la cinta de reloj. El Reloj de Manzana debería caber estrechamente sueltamente, pero cómodamente en su muñeca y ajustarlo en consecuencia.

Los iconos de Estado de usted Reloj de Manzana en lo alto de la pantalla proporcionan la información sobre la Manzana Reloj elegante:

1. Notificación: Usted ha no leído notificaciones.

2. Cobro: el Reloj de Manzana culpa.

3. Cerradura: el Reloj de Manzana es una cerradura con un passcode.

4. No Molestar: las Llamadas y las alarmas no sonarán o iluminarán la pantalla, pero las alarmas son todavía en efecto.

5. Modo de aeroplano: Inalámbrico es apagado, pero los rasgos no inalámbricos están todavía disponibles.

6. Reloj de manzana desconectado de su iPhone: el Reloj de Manzana ha perdido la unión con su iPhone emparejado.

7. Carga: una actividad inalámbrica o un proceso activo pasan.

El Reloj de Manzana app en iPhone

El Reloj app en iPhone le deja modificar ajustes de reloj y opciones, y usted puede establecer la Paga de Manzana para el Reloj de Manzana. Esto le da el acceso a la Tienda de App que usted puede descargar e instalar muchos apps para su Manzana Reloj elegante.

Abra su Reloj de Manzana app. Entonces en iPhone, dé un toque al icono de aplicación de Reloj de Manzana, dé un toque a Mi Reloj para abrir los ajustes para la Manzana Reloj elegante.

El poder en, la estela, y abre

Como girar el poder en su Reloj de Manzana

Cuando su Reloj de Manzana es desconectado, prensa y asimiento el botón de lado en su Reloj hasta las demostraciones de logotipo de Manzana, y usted podría ver una pantalla negra aparecer durante un tiempo corto, en aquel momento esperando la cara de reloj.

Apage la Manzana Reloj elegante.

Usted será capaz al corte de energía el Reloj entonces de Manzana presionan y sostienen el botón de lado hasta la demostración de resbalador, luego lo arrastran a la derecha de su reloj.

Reloj de Manzana de Estela.

Si usted quiere despertarse, Manzana elegante, levantamiento, o levantara su muñeca o grifo en la demostración. Y su Reloj de Manzana va para dormir cuando usted baja su muñeca. Usted puede despertar también la Manzana Reloj elegante presionando la Corona Digital que es útil si usted no está en su muñeca.

Pero si Manzana que el Reloj elegante no despierta cuando usted levanta su muñeca, ahora usted debe asegurar que usted ha seleccionado la muñeca derecha y la orientación de Corona Digital.

Abra los Ajustes app en su reloj y asegúrese que usted mira la cara de reloj. Entonces presione la Corona Digital para ponerse a la pantalla de Casa, dar un toque, ir al General> Orientación.

Entonces asegure que la Orientación se puso a la muñeca usted lleva puesto el Reloj de Manzana.

Estela a la cara de reloj — o su última actividad.

Usted puede poner la Manzana Reloj elegante darle una idea sobre la cara de reloj cuando esto se despierta, o vuelta a donde usted era antes de que esto fuera para dormir. El ajuste de falta debe despertar la cara de reloj.

Seleccione la vuelta atrás a último app que usted usó

Ajustes Abiertos en su Reloj elegante, dé un toque al General> Activan en la Muñeca Levantan, y hacen la Muñeca Levantar es encienden.

Entonces enrolle abajo para seleccionar la apertura al último-usado app. Usted también podría hacer este por el Reloj de Manzana app en iPhone:

Dé un toque a Mi Reloj, vaya al General> Activan en la Muñeca Levantan, luego eligen el Curriculum vitae Actividad Anterior.

Abra el Reloj de Manzana con iPhone.

Usted puede abrir su Manzana Reloj elegante poniendo su iPhone passcode en iPhone, abrir la Manzana Reloj elegante app en iPhone, dar un toque a Mi Reloj, dar un toque a Passcode, luego dar un toque Abren con iPhone. O, en el Reloj de Manzana, abra Ajustes, enrolle abajo, dé un toque a Passcode, luego encienda Abren con iPhone.

Recuerde que usted puede establecer Su Reloj de Manzana passcode para diferenciarse de su iPhone passcode. De hecho, para más seguridad de sus aparatos, es mejor hacer el diferente passcodes.

Como entrar en un passcode en Reloj de Manzana

Siempre que usted tome la Manzana Reloj elegante de su muñeca o lo lleve puesto muy flojamente, esto siempre pide su passcode la próxima vez que usted trata de usarlo. Cuando la almohadilla de número muestra, dé un toque a su passcode.

Cambiar su passcode

En la Manzana Reloj elegante, abra Ajustes, enrolle abajo, dé un toque a Passcode, luego dé un toque al Cambio Passcode y siga el en pantalla plazos límites de paso. Entre en al menos un nuevo 4 dígito passcode, luego confírmelo. O bien, abra la Manzana Reloj elegante app en iPhone, dé un toque a Mi Reloj, dé un toque a Passcode, luego dé un toque al Cambio Passcode y siga los plazos límites onscreen.

Como cambiar el passcode

Entre en passcode más largo.

Si usted desea usar un más largo passcode que cuatro dígitos, abrir el Reloj de Manzana app en iPhone, dar un toque a Mi Reloj, dar un toque a Passcode, luego apagar Passcode simple. Passcode simple es un número de cuatro dígitos. Con esta opción, usted puede ponerse más que el cuatro dígito passcode en su Manzana Reloj elegante.

Apagar el passcode

Los Ajustes Abiertos, grifo al que Passcode y luego dan un toque Incapacitan Passcode. O bien, abra la Manzana Reloj elegante app en iPhone, dé un toque a Mi Reloj, dé un toque a Passcode, y luego dé un toque a la Vuelta Passcode Lejos. Haga caso de usted. Si usted alguna vez Incapacita su passcode, usted puede usar ya no la Paga de Manzana en la Manzana Reloj elegante.

Usted puede cerrarlo con llave automáticamente.

Encienda el reconocimiento de muñeca como un descubrimiento para cerrar con llave su reloj automáticamente cuando usted no lo lleva puesto. Abra la Manzana Reloj elegante app en iPhone, dé un toque a Mi Reloj, dé un toque al General, y luego dé un toque al Descubrimiento de Muñeca. Cuando usted enciende el

Descubrimiento de Muñeca, usted también puede ver el tiempo cuando usted levanta su muñeca. Si usted apaga el Descubrimiento de Muñeca, usted no puede usar hasta la Paga de Manzana.

Usted puede cerrarlo con llave a mano.

Aquí usted Presiona y sostiene el botón de lado hasta la demostración del resbalador, entonces yanqui el resbalador de Dispositivo de Cerradura a la derecha. Le pedirán entrar en su Reloj passcode la próxima vez que usted trata de usar el Reloj de Manzana. Usted también puede poner el reloj en el modo de Reserva de Poder de la pantalla.

Como borrar datos de Reloj de Manzana

Usted puede poner el Reloj de Manzana borrar sus datos si la contraseña incorrecta es entrada diez veces. esto protege los contenido de su reloj si es robado o perdido.

Abra la Manzana Reloj elegante app en iPhone, dé un toque a Mi Reloj, dé un toque a Passcode, y luego dé un toque Borran Datos.

¿Pero Si usted deja de recordar su passcode, qué hacer?

 Reloj de Manzana No emparejado de su iPhone emparejado. Suprimir sus ajustes de Reloj de Manzana y passcode. Usted también puede reinicializar el Reloj de Manzana y emparejarlo otra vez con su iPhone.

Como ajustar resplandor, tamaño de texto, sonidos, y haptics

Ajustar resplandor. En los Ajustes de reloj app, luego enrolle abajo y dé un toque Tamaño de Texto y a Resplandor.

Dé un toque a un icono de Resplandor, luego gire la Corona Digital o dé un toque al icono de resplandor para adaptarse. O bien, abra el Reloj de Manzana app en iPhone, dé un toque a Mi Reloj, dé un toque a Resplandor y Tamaño de Texto, y luego arrastre al resbalador de Resplandor.

Forme el texto más grande.

Abra Ajustes de Reloj elegantes, luego enrolle abajo y dé un toque Tamaño de Texto y a Resplandor. Tamaño de Texto de Grifo, luego dé un toque a las cartas o enrolle la Corona Digital para ampliar o reducir el tamaño de texto. O bien, abra la Manzana Reloj elegante app en iPhone, dé un toque a Mi Reloj, dé un toque a Resplandor y Tamaño de Texto, y tire al resbalador de Tamaño de Texto.

Como hacer el texto valiente

En su smartwatch, Ajustes, voluta abajo y Resplandor de grifo y Tamaño de Texto. Chasquido en Texto Valiente. O bien, abra la Manzana Reloj elegante app en iPhone, dé un toque a Mi Reloj, dé un toque a Resplandor y Tamaño de Texto, y luego encienda el Texto Valiente.

Siempre que usted encienda el texto valiente de cualquiera del Reloj de Manzana o su iPhone emparejado, el Reloj de Manzana tiene que ser reinicializado para aplicar el cambio. Entonces el grifo Sigue.

Como ajustar sonido de Reloj de Manzana

Abra sus Ajustes de Reloj elegantes, luego enrolle abajo y dé un toque a Sonidos y Haptics. Dé un toque a los botones de volumen debajo del Dispositivo de llamada y Alerte Sonidos o dé un toque al resbalador un tiempo para seleccionarlo, y luego girar la Corona Digital para regular el volumen. O bien, abra la Manzana Reloj elegante app en iPhone, dé un toque a Mi Reloj, dé un toque a Sonidos y Haptics, luego tire el Dispositivo de llamada y Alerte al resbalador de Sonidos.

Manzana Muda Reloj elegante.

Para silenciar, usted mira Ajustes sólo abiertos, y enrolla abajo y da un toque a Sonidos y Haptics, luego enciende al Mudo. O por otra parte, aseste un golpe en la cara de reloj, Aseste un golpe al vistazo de Ajustes, luego dé un toque al botón Mudo. Usted también puede abrir el Reloj de Manzana app en iPhone, dar un toque a Mi Reloj, Sonidos de grifo y Haptics, luego encender al Mudo. Reloj de Manzana relacionado con su compañero iPhone.

Encienda al Mudo.

Usted puede silenciar rápidamente nuevas alarmas y todos los sonidos de notificación descansando la palma de su mano en la demostración de reloj y sosteniendo ello allí durante al menos cuatro segundos. Usted será consciente de un grifo para confirmar que el mudo es conectado. Usted debe encender al principio la opción en el Reloj de Manzana app en iPhone. Entonces dé un toque a Mi Reloj, dé un toque a Sonidos y Haptics, encienda la Tapa para Silenciar.

Como ajustar la intensidad haptic

En su Manzana Reloj elegante, da un toque a su muñeca para ciertas notificaciones y alarmas, y usted puede regular la fuerza de estos haptics. Ajustes Abiertos, luego enrolle abajo y dé un toque a Sonidos y Haptics. Dé un toque a los botones de haptic debajo del Dispositivo de llamada y Alerte Haptics o dé un toque al resbalador una vez elegirlo, luego gire la Corona Digital para ajustar la intensidad haptic. O bien, abra el Reloj de Manzana app en iPhone, dé un toque a Mi Reloj, dé un toque a Sonidos y Haptics, luego tire el Dispositivo de llamada y Alerte al resbalador Haptics.

No Moleste es un modo simple de hacer callar SmartWatch de la Manzana.

Esto guarda llamadas y alarmas excepto alarmas de hacer cualquier sonido o iluminar la pantalla.

Como encender no Molestan

Aseste un golpe en la cara de smartwatch, aseste un golpe dejado, o derecho a la ojeada de Ajustes, luego dé un toque a No Molestan el botón. O los Ajustes abiertos, el grifo no Molesta, luego enciende no Molestan. Siempre que no Moleste es conectado, usted los verá en lo alto de la pantalla. El grifo para encender no Molesta.

Hacer callar, tanto Reloj de Manzana como iPhone

Abra el Reloj de Manzana app en iPhone, dé un toque a Mi Reloj, y encienda no Molestan> Reflejan iPhone. Además, cualquier tiempo que usted puede cambiar no Molesta en uno, el otro se cambiará al partido.

Si usted quiere cambiar la lengua o su formato de región. Entonces abra el Reloj de Manzana app en su iPhone, grifo en Mi Reloj, luego vaya al General> Lengua y Región.

Las muñecas de control o modifican la orientación de Corona Digital.

Si le gustara cambiar muñecas o en cambio orientar la Corona Digital otro camino, ajustar los ajustes de orientación de modo que levantando su muñeca despierte el Reloj de Manzana, y la bocacalle de las cosas de movimientos de Corona Digitales en la dirección usted parece avanzado.

Ahora abra los Ajustes app, luego vaya al General> Orientación. Para cambiar los ajustes en la Manzana Reloj elegante app en iPhone, luego dé un toque a Mi Reloj, luego vaya al General> Orientación de Reloj.

Opciones de orientación de juego en Reloj de Manzana o en el Reloj de Manzana app.

Como cobrar su Reloj de Manzana

Asegúrese que usted siempre cobra la Manzana Reloj elegante. En un lugar bien ventilado. Coloque el Reloj de Manzana incorporado cable de cobro magnético o Reloj de Manzana caso de cobro magnético en una superficie llana. Entonces tápelo en el adaptador de poder incluido en el paquete de Reloj de Manzana, o usted puede usar hasta un adaptador de poder. Usted puede usarlo con su iPhone o iPad y luego taparlo en una salida de poder apropiada. Una vez la utilización del Reloj de Manzana caso de cobro magnético, siempre guarde el caso abierto.

El lugar y coloca la espalda del Reloj de Manzana en su cargador. De tal modo que los imanes en el cargador alinean el Reloj de Manzana correctamente, y usted oirá un sonido de carillón excepto si el Reloj de Manzana es el modo silenciado y ver un cobro contratar a su cara de reloj. La bandera de cobro es roja cuando Manzana el Reloj elegante quiere el poder y gira verde cuando la Manzana Reloj elegante culpa.

La comprobación de poder de batería restante

En la Manzana Reloj elegante, asesta un golpe en la cara de reloj, luego asestar un golpe al vistazo de batería. Usted puede añadir el indicador de batería a varias de las caras de reloj, más modular, en color, utilidad, simple, cronógrafo, y ratón de Mickey. Con la exposición de cara de reloj, firmemente presione la demostración, el grifo, personalice, y luego aseste un golpe a la izquierda hasta que usted pueda seleccionar posiciones de rasgo individuales. Aquí dé un toque a un lugar, gire la Corona Digital para elegir una batería, y luego presionar la Corona Digital para salir.

El poder de uso reserva para estirar el poder disponible.

Usted puede poner la Manzana Reloj elegante en el modo de reserva de poder de modo que salvar el poder cuando la batería es baja. La manzana el Reloj elegante sigue guardando y mostrar el tiempo, pero otro apps no estará disponible para el uso. Aseste un golpe en su cara de reloj, aseste un golpe al vistazo de poder, dé un toque a la reserva de poder, luego dé un toque Proceden. Usted también puede presionar el botón de lado hasta que usted vea el espectáculo de diapositiva, y luego lo arrastre a la derecha.

Usted debería tomar la nota que, su Manzana el Reloj elegante puede automáticamente firma el modo de reserva de poder si el porcentaje su precio de batería dejara gotas debajo del 10 por ciento.

Como volver a modo de poder normal

Sólo presione y sostenga el botón de lado para reanudar la Manzana Reloj elegante. Asegúrese que hay precio suficiente en la batería para este para trabajar correctamente.

La comprobación de tiempo para el último precio

Abra la Manzana Reloj elegante app en iPhone, dé un toque a Mi Reloj, luego vaya al General> Uso, donde usted puede la perspectiva el Uso y valores de Reserva. Estos valores, adelante juntos, le dan el tiempo pasado desde su último precio lleno. Debajo de esto, usted puede ver el valor de reserva de poder.

El CAPÍTULO 8

Como organizar apps

Tel hey're todos en una pantalla de Casa sola, donde usted puede sostenerlos como usted desea. Abrir un app, su smartwatch. En su cara de reloj, presione la Corona Digital para ponerse a la pantalla de Casa, y luego dar un toque al icono app. O bien, gire la Corona Digital para abrir a cualquiera app está en el centro de su Reloj a Casa protegen.

Como hacer una vuelta a último app.

Volver a último apps es hacer clic la Corona Digital doble.

Volver a la cara de reloj

 Dé un toque al icono de reloj en la pantalla de Casa para responder a su cara de reloj. O bien, presione la Corona Digital.

Reajuste su apps.

En su Manzana Reloj elegante, apriete la Corona Digital para ir al reloj a casa protegen. Toque y sostenga un app hasta el licuado de apps de un lado a otro, y los iconos app parecen el mismo tamaño y luego arrastran el app que usted quiere mover a un nuevo lugar. Presione la Corona Digital cuando usted lo ha hecho. O bien, abra la Manzana Reloj elegante app en iPhone, dé un toque a Mi Reloj, luego dé un toque a la Disposición App. Toque y sostenga un símbolo app, luego arrástrelo a un nuevo lugar. Grifo Reinicializado restaurar el ajuste de disposición original.

Como conseguir e instalar apps de la Tienda de App

Abra la Manzana Reloj elegante app en iPhone, y luego dé un toque a la Tienda de App para encontrar apps para su Manzana Reloj Elegante. Compre ello, la telecarga, e instale apps en su iPhone. En su Manzana Reloj Elegante, usted notará un mensaje que le apunta pidiendo instalar el app. Entonces dé un toque Sí.

Ajustar ajustes para apps instalado

Abra la Manzana Reloj elegante app en su iPhone, dé un toque a Mi Reloj, y enrolle abajo para ver su apps que usted quiere mejorar. Dé un toque a un nombre de app para cambiar sus ajustes.

Comprobar almacenamiento usado por apps

Abra la Manzana Reloj elegante app en su iPhone, dé un toque a Mi Reloj, luego vaya al General> Uso. Vea el cuarto usado por cada app y el almacenamiento accesible dejado en la Manzana Reloj elegante.

Como esconder app instalado en Reloj de Manzana

En su Reloj a casa protegen, tocan y sostienen el icono app hasta que usted vea un X por la frontera. Entonces dé un toque al X para deshacerse del app de la Manzana el Reloj elegante. No permanece instalado en su iPhone emparejado, a menos que si usted lo quita desde allí.

Mostrar o esconderse instalado apps

En su Manzana smartwatch, abra la Manzana Reloj elegante app en iPhone, dé un toque a Mi Reloj, enrolle abajo para ver apps usted ha instalado ya, da un toque al nombre de app, y luego da un toque al Espectáculo App en la Manzana Reloj elegante. Sin embargo, sabe usted, usted no puede esconder ningunos apps que ya en - construyen con su Manzana el Reloj Elegante.

Como ponerse en contacto con sus amigos

El botón de lado en su Manzana smartwatch le da el acceso rápido a la gente usted vive en contacto con el más. Presione el botón de lado, elija a un amigo, luego llame, envíe un mensaje, o use el Toque Digital. Añada a sus amigos a su Reloj de Manzana.

Como añadir a amigos a Manzana smartwatch en iPhone

El Reloj de Manzana rutinariamente asciende a 12 de sus contactos selectos del iPhone. Usted puede enmendar la lista de amigos que aparecen en su Manzana smartwatch, abren el Reloj de Manzana app, luego dan un toque a Mi Reloj, luego dan un toque a Amigos. En la lista de su amigo, el grifo Añade al amigo, luego da un toque a su amigo en la lista de contactos que parece o la pantalla. Si el nombre de su amigo no es a la lista, abierta los Contactos app en su iPhone y añadirlos, posteriormente intente otra vez.

Ver a amigos en Manzana Reloj elegante
Presione el botón de lado para ver el contacto de los hasta 12 amigos. Gire la Corona Digital para destacar cada uno de sus amigos. Dé un toque a las iniciales de un amigo, y luego seleccione como usted quiere ponerse en contacto.

Como usar Mano para cambiar entre Reloj de Manzana e iPhone
La Mano de aspecto en el Reloj de Manzana e iPhone le deja moverse de un dispositivo al otro sin perder el foco en lo que usted hace. Por ejemplo, usted puede comprobar el correo electrónico en la Manzana Reloj elegante, pero usted puede querer cambiar a iPhone para escribir a máquina una respuesta usando el en pantalla teclado. Despierte iPhone, y usted ve un símbolo en la esquina inferior izquierda de la pantalla de Cerradura que empareja el app usted usa en la Manzana Reloj por ejemplo elegante, Correo. Aseste un golpe en el signo para abrir el mismo correo electrónico en el iPhone, y luego terminar su respuesta.

Usted puede usar el Reencaminamiento con estos apps: Correo, Mapas, Mensajes, Telefonea, Calendario, y Recuerda así como Siri. Para el Reencaminamiento para trabajar, su Manzana el Reloj elegante debería estar cerca de su iPhone.

Como girar Reencaminamiento
Abra la Manzana Reloj elegante app en su iPhone, luego dé un toque a Mi Reloj, luego encienda al General> Permiten el Reencaminamiento.

Como localizar su iPhone

¿Extraviado su iPhone? El Reloj de Manzana puede ayudarle a averiguar si es cercano. Pique su iPhone.

Aseste un golpe en una cara de reloj, aseste un golpe al vistazo de Ajustes, dé un toque al Sonido metálico iPhone botón.

Si el iPhone no está en la variedad de Manzana el Reloj Elegante, usted también puede tratar de encontrarlo usando el Hallazgo que Mi iPhone del sitio llamó iCloud.com.

Como usar su reloj sin aparearse con iPhone

Incluso aunque usted necesite un iPhone para hacer la mayor parte de las cosas con su Reloj elegante, pero usted todavía puede hacer completamente muchas cosas con el Reloj de Manzana sin tener un iPhone en la variedad.

Usted puede hacer lo siguiente sin aparearse con su iPhone

1. Tocar música de playlist almacenado en Reloj de Manzana

2. Usar el reloj, alarmas, temporizadores, y su cronómetro

3. Usted puede guardar un rastro de su actividad como soporte, movimiento, y entrenarse con la Actividad app en el Reloj elegante

4. Usted también puede rastrear sus pruebas

5. Mostrar fotos de álbumes de foto almacenados

6. Usar Paga de Manzana para hacer compras en una tienda en línea.

La Manzana Reloj Elegante usa la tecnología inalámbrica Bluetooth para unir a su iPhone emparejado. Esto usa el iPhone para varias funciones inalámbricas. La manzana smartwatch no puede unirse con nuevas redes de WiFi por sí mismo, aunque esto pueda unirse a redes de WiFi que usted ha establecido ya en el iPhone.

Si Manzana el Reloj elegante e iPhone están en las mismas variedades de red, pero no están relacionados por Bluetooth, usted puede hacer lo siguiente en el Reloj de Manzana sin iPhone:

1. Usted puede enviar y recibir mensajes usando iMessage

2. Y usted puede fijar y recibir mensajes de Toque Digitales

3. Utilización de Siri

La función de Siri en Manzana Reloj Elegante

El Siri en la Manzana puede ejecutar tareas y entregar mucha información directamente en la Manzana Reloj elegante.

Como hacer a Siri una pregunta

Para solicitar una cuestión a Seri, levante la Manzana Reloj elegante o grifo en la pantalla. Cuando el Reloj despierta, hablar, "Oye, Siri."

Usted puede presionar o bien y sostener la Corona Digital en el reloj. Hasta que usted vea el icono que escucha en el fondo de la pantalla, declare su petición y luego libere la Corona Digital. Para replicar a una pregunta de Siri y seguir la conversación, domine la Corona Digital y la conversación. Por otra parte, diga "Oye, Siri" y su petición.

Prensa y asimiento para activar a Siri.

Usted descubrirá sugerencias de cosas usted puede preguntar a Siri en todas partes de este libro - ellos parecen a este:

¿"Qué clases de cosas puedo preguntarle?"

Cuando usted vuela con Reloj de Manzana

Cuando usted está a punto de volar una línea aérea, algunas líneas aéreas podrían dejarle volar con la Manzana el Reloj elegante, e iPhone encendido si usted los pone en el Modo de Aeroplano entonces ellos no pueden obstruir con sistemas de onda de avión.

Como encender Modo de Aeroplano

Encender Modo de Aeroplano en su smartwatch. Aseste un golpe en la cara de reloj, y un vistazo de Ajustes, luego dé un toque al botón de Modo de Aeroplano.

El estado Relacionado de un icono de aeroplano en lo alto de la pantalla se cambia a Deshilvanado. O por otra parte, abierto los Ajustes app, luego dan un toque al Modo de Aeroplano. Cuando el

Modo de Aeroplano es conectado, usted lo verá en lo alto de la pantalla de su reloj.

Si usted quiere ponerse tanto Reloj de Manzana como iPhone en el Modo de Aeroplano, abrir el Reloj de Manzana app en iPhone, dar un toque a Mi Reloj, y encender el Modo de Aeroplano>

Espejo iPhone. Entonces, en cualquier tiempo dado, usted cambia al Modo de Aeroplano en un aparato, el otro cambiará al partido ello apropiadamente. Para apagar el Modo de Aeroplano, usted debería hacerlo para cada dispositivo por separado. Sin embargo, es mejor apagar Wi-Fi y Bluetooth, pero la Manzana Reloj elegante en el Modo de Aeroplano.

Como personalizar su cara de reloj

Yel ou puede personalizar su Manzana cara de Reloj elegante, entonces esto parece el modo que usted parece y proporciona las funciones que usted quiere.

Seleccione de tipos de diseños de cara de reloj, ajuste colores, aspecto facial, y otros detalles. Entonces añádalo a su colección; posteriormente, usted puede cambiar cuando le gusta el derecho timekeeping instrumentos o cuando le gustaría un cambio la cara.

Cambiar la cara de reloj

Con la exposición de cara de reloj de Manzana, fuertemente presione la demostración, y luego aseste un golpe para ver las caras en su colección. Cuando usted encuentra la mirada usted quiere, le da un toque. Aseste un golpe para ver otras caras de reloj. Grifo para añadir rasgos a su cara de reloj.

Usted puede añadir funciones extraordinarias. De vez en cuando se refiere a complicaciones a su cara de reloj, entonces usted puede comprobar directamente algo como precios de reserva o el informe meteorológico.

Añada rasgos a su cara de reloj de Manzana.

En la cara de reloj, firmemente presione la demostración, luego dé un toque Personalizan. Aseste un golpe para elegir un rasgo, y luego girar la Corona Digital para adaptarse. Pero en algunas caras de reloj, usted tiene que tocar un elemento para picotearlo.

Entonces, presione la Corona Digital para salvar su modificación. Dé un toque a la cara para cambiarle. Gire la Corona Digital para ajustar rasgos.

Los modos de añadir un reloj se vuelven a la colección.

Junte su colección de caras de encargo, las versiones hasta diferentes del mismo diseño. Cuando su exposición de cara de reloj, fuertemente presione la demostración, aseste un golpe de a la derecha, luego dé un toque al Nuevo botón (+). Y aseste un golpe de arriba abajo para seleccionar diseños, luego dar un toque al que que le gusta añadir. Después de que usted lo añade, usted también puede personalizarlo.

Como suprimir una cara de su colección
¿Si no le gusta una cara mucho más? Por la exposición de cara de reloj corriente, fuertemente presione la demostración, aseste un golpe a la cara a la cual usted no parece, luego golpea esto y grifo suprime. Usted puede añadir todo el tiempo la cara de reloj otra vez más tarde.

Como aumentar el tiempo de reloj delante.
¿Si usted quiere poner su tiempo de reloj delante? Abra los Ajustes app, dé un toque al Tiempo, dé un toque a +0 minuto, y luego gire la Corona Digital para poner el reloj delante en alto grado de 59 minutos. Sin embargo, este ajuste sólo puede cambiar el tiempo mostrado en la cara de reloj de Manzana aunque esto no afecte alarmas, tiempos en notificaciones, y ningún otro tiempo como el Reloj Mundial.

Rasgos de la cara de Reloj de Manzana
Smartwatch de la manzana consiste en una cara de reloj diferente, algunos de los cuales usted puede personalizar. Usted debería comprobar con frecuencia actualizaciones de software, y el juego de caras de reloj que sigue podría variar por lo que usted ve en su Manzana el Reloj elegante.

La cara de reloj de Astronomía muestra el estado del sistema solar y la posición precisa de los planetas, sol, y luna. Esto muestra el día, la fecha, y el huso horario corriente.

Dé un toque a la Luna para ver su fase corriente.

Grifo para ver la posición corriente de los planetas en el sistema solar. Viendo la Tierra, luna, o el sistema solar, gira la Corona Digital para mover hacia atrás o avanzado a tiempo.

Cronógrafo

Esta cara de reloj trata con el tiempo en incrementos exactos, como un cronómetro análogo clásico. Un cronógrafo parece a un cronómetro, que puede ser activado directamente de la cara.

La manzana mira notificaciones.

La función de este App envía notificaciones para guardarle informado, siempre como invitaciones que se encuentran, mensajes, y los recordatorios de ejercicio son sólo unas menciones. Las notificaciones son mostradas en el Reloj de Manzana tan casi inmediatamente como ellos llegan. Si usted no los lee al instante lejos, ellos pueden ser salvados. Así usted puede comprobarlos más tarde.

Como contestar para vivir notificaciones

Cuando usted consigue una nueva notificación. Si usted oye o siente que un bip de notificación llega, levantar la Manzana Reloj elegante para verlo. Gire la Corona Digital para enrollar al fondo de la notificación, y luego dar un toque a un botón allí. O bien, dé un toque al símbolo app en la notificación para abrir app relacionado.

Despedir una notificación

Aseste un golpe abajo en la notificación que usted es sobre la lectura,

o la voluta al fondo de la notificación y luego da un toque Despiden.

Como seleccionar qué notificaciones le gustan

En su iPhone, vaya a Ajustes> Notificaciones para identificarse qué apps y los acontecimientos crean notificaciones. Entonces, abra la

Manzana Reloj elegante app en iPhone, dé un toque a Mi Reloj, dé un toque a Notificaciones, dé un toque al app durante instante, Mensajes, luego seleccione el Espejo mi iPhone. o, elegir ajustes de notificación diferentes que aquellos en iPhone, seleccionar la Costumbre en cambio

Como hacer callar las notificaciones

Para hacer callar notificaciones en la Manzana Reloj elegante, aseste un golpe en la cara de reloj, aseste un golpe al vistazo de ajustes, luego dé un toque en el Modo Silencioso. Usted sentirá un grifo cuando una notificación llega. El sonido aplazado o el grifo, y el grifo no Molestan.

Guarde su Reloj privado.

Usted levanta su muñeca para ver una notificación; usted consigue un resumen rápido, luego detalla unos segundos más tarde. Por ejemplo, cuando un mensaje llega, usted sabe de quién es antes, y luego el mensaje aparece. Si usted quiere parar la notificación de parecer posterior completamente, usted le da un toque. Abra la Manzana Reloj Elegante app en iPhone, dé un toque a Mi Reloj, dé un toque a Notificaciones, y luego encienda la Intimidad de Notificación.

Como contestar las notificaciones no leídas

La vista de notificaciones que no han respondido. Si usted no responde a una notificación dada cuando esto llega, es ahorran en el Centro de Notificación en su Reloj. Un punto rojo en lo alto de su cara de reloj indica que usted tiene una notificación no leída. Aseste un golpe abajo en la cara para verlo. Si usted quiere enrollar la lista de notificación, asestar un golpe, abajo, o girar la Corona Digital.

Responder a una notificación en su lista. Dé un toque a la notificación.

Dé un toque a una notificación para responderle.

Como limpiar notificaciones

El Reloj elegante de la manzana siempre quita notificaciones de la lista cuando usted da un toque para leerlos. Pero si usted quiere suprimir una notificación sin entenderlo, golpearlo a la izquierda, y luego dar un toque Claro.

Además, si le gusta limpiar todas las notificaciones, fuertemente presionar la demostración, y luego dar un toque Claro.

Vistazos rápidos

T los o consiguen un vistazo rápido en la información valiosa de su cara de reloj, entonces usted tiene el acceso inmediato a Vistazos, un resumen scannable de los datos que usted ve principalmente. Aseste un golpe en la cara de reloj para ver vistazos, luego asestar un golpe dejado o derecho de ver tipos diferentes de vistazos. Aseste un golpe dejado o derecho de ver todas las vislumbres.

Compruebe sus vistazos

Aseste un golpe en su cara de reloj para ver la vislumbre que usted vio último, luego golpea abandonado o directamente en su Reloj de Manzana para ver otros vistazos. Aseste un golpe abajo para volver a la cara de reloj. Si un vistazo no es bastante. Para abrir app relacionado, dé un toque al vistazo.

Como organizar sus vistazos

Para seleccionar sus vistazos, abra la Manzana smartwatch app en iPhone, dé un toque a Mi Reloj, dé un toque a Vistazos, y luego quite o incluya vislumbres. Usted no puede quitar el vistazo de ajustes totalmente. Pero puesto ellos en una clase práctica. Abra su Manzana smartwatch app en iPhone, dé un toque a Mi Reloj, dé un toque a Vistazos, y luego tire los botones de nueva orden.

El aspecto timekeeping de la Manzana smartwatch, usted puede ver el tiempo en otras ciudades del mundo, poner alarmas, temporizadores de uso, y usar un cronómetro. Usted también puede añadir éstos fundamentos a su cara de reloj para verlos rápidamente cuando usted los necesita.

Como comprobar el tiempo en otras posiciones

El Reloj Mundial app en la Manzana el Reloj elegante le deja puede comprobar el tiempo en ciudades alrededor del mundo. Abra el app para comprobar tiempos en otro lugar, o añadir puertos a su cara de reloj para la referencia rápida.

¿Por ejemplo, "a Qué hora es ello ahora en Nueva York?"

Compruebe el tiempo en una ciudad diferente.

Abra el Reloj Mundial en su Reloj elegante, y luego gire la Corona Digital o golpee la pantalla para enrollar abajo la lista.

Si hay una posición de ciudad cuyo tiempo le gustaría ver, usted puede añadir que el reloj mundial a su reloj afronta y selecciona el nombre de ciudad para mostrar.

Ver la Información Adicional.

Ver más información sobre una ciudad, juntos con un tiempo de salida del sol y puesta del sol, da un toque a la ciudad en la lista de Reloj Mundial. Cuando usted termina, grifo <en el superior dejado, o golpea el derecho de volver a la lista de ciudad. Usted puede presionar la Corona Digital para volver a la cara de reloj de Manzana.

Añada cualquier ciudad al Reloj Mundial. Las ciudades usted tiene que añadir las demostraciones de iPhone en el Reloj Mundial en la Manzana Reloj elegante.

Abra el Reloj app en iPhone, dé un toque al Reloj Mundial, y luego dé un toque al botón Añadir (+).

Añada un reloj mundial a su cara de reloj

Usted puede añadir un reloj mundial a bastantes caras de reloj; algunas caras dan el permiso usted añade más de un. Fuertemente presione la demostración, y luego dé un toque Personalizan. Aseste un golpe dejado hasta que usted pueda elegir rasgos faciales individuales, dar un toque al que que usted querría usar para un reloj mundial, luego giraría la Corona Digital para seleccionar una ciudad. Cuando usted es hecho, presiona la Corona Digital. Usted puede añadir un reloj mundial a estas caras:

Como Cronógrafo, Color, Mickey Mouse, Modular, Simple, y Utilidad.

Cambiar abreviaturas de ciudad. Si le gusta sustituir una abreviatura de ciudad usada en la Manzana smartwatch, abrir el Reloj de Manzana app en iPhone, dar un toque a Mi Reloj, entonces vaya para Cronometrar> Abreviaturas de Ciudad. Dé un toque a cualquier ciudad para cambiar su abreviatura.

Como poner una alarma

Usar el Despertador app para jugar un sonido o vibrar Manzana Reloj elegante en el tiempo derecho. Usted también puede añadir una alarma a su cara de reloj. Así usted puede ver alarmas próximas en una vislumbre. Además, abra el Despertador app con un grifo.

"Juego que repite alarma para de la tarde."

Añadir una alarma a su Reloj. Despertador Abierto, fuertemente presione la demostración, luego dé un toque Nuevo +. El Tiempo de Cambio de Grifo, Grifo de la mañana o de la tarde, da un toque a las horas o minutos, gira la Corona Digital para cambiar, y dar un toque luego al Juego. El grifo <en el superior dejado para volver a los ajustes despertadores, luego ponga la repetición, la etiqueta, y dormite lo que le satisface.

Añada la alarma. Ponga un tiempo despertador. Seleccione opciones.

El juego o ajusta su alarma. Despertador Abierto, luego dé un toque a la alarma en la lista para modificar sus ajustes. Grifo al lado de la alarma para encenderlo o lejos. Además, grifo para corregir una alarma.

"Apage 7:30 alarma."

Ver la alarma próxima en la cara de reloj. En la exposición de cara de reloj, fuertemente presione la demostración, y luego dé un toque Personalizan. Aseste un golpe dejado hasta que usted pueda elegir rasgos faciales individuales, dar un toque al que le gustaría solicitar alarmas, y luego girar la Corona Digital para seleccionar la alarma. Cuando usted es terminado, presiona la Corona Digital. Usted puede añadir alarmas a estas caras:

Cronógrafo, Color, Mickey Mouse, Modular, Simple, y Utilidad.

Si le gusta dormitar, siempre que una alarma suene, usted puede dar un toque Dormitan para esperar algunos minutos antes de los sonidos despertadores otra vez. Si usted no parece para permitir dormitan, dan un toque a la alarma en la lista de alarmas, entonces apagan Dormitan.

Suprimir una alarma

Despertador Abierto, dé un toque a la alarma en la lista, enrolle abajo al fondo, y luego dé un toque Suprimen.

Como usar un temporizador

El Temporizador app en la Manzana Reloj elegante puede asistirle en la pista que se conserva del tiempo. Temporizadores de juego durante hasta 24 horas.

"Temporizador de juego durante veinte minutos."

Ponga un temporizador. El Temporizador Abierto, las horas de grifo o los minutos, gire la Corona Digital para ajustar y dar un toque luego al Principio.

Si usted quiere poner un temporizador para más largo que 12 horas, ajustando el temporizador, fuertemente presionar la demostración, y luego dar un toque 24. De modo que aumentar longitud de temporizador.

Como Añadir un temporizador para mirar cara

Si usted quiere usar un temporizador con frecuencia, añada un temporizador a su cara de reloj. Con la exposición de cara de reloj, fuertemente presione la demostración, y luego dé un toque Personalizan. Aseste un golpe dejado hasta que usted pueda seleccionar el aspecto de cara individual, dar un toque al que que le gustaría utilizar

Para el temporizador, luego gire la Corona Digital para seleccionar el temporizador. Cuando usted es hecho, presiona la Corona Digital. Usted puede añadir un temporizador a estas caras: Cronógrafo, Color, Mickey Mouse, Modular, Simple, y Utilidad

Como poner acontecimientos de tiempo con un cronómetro

A acontecimientos de tiempo con mucha exactitud y simplicidad. La Manzana smartwatch puede el tiempo acontecimientos llenos hasta 10 horas, 50 minutos y mantener la pista del regazo o partir tiempos, luego mostrar los resultados como una lista, un gráfico, o vivo en su cara de reloj.

El Cronógrafo de su cara de reloj tiene el cronómetro incorporado, y usted puede añadir un cronómetro a estas caras: Color, Mickey Mouse, Modular, Simple, y Utilidad.

Interruptor al cronómetro

Abra el Cronómetro app, o dé un toque al cronómetro en su cara de reloj si usted lo ha añadido o usted usa la cara de reloj de Cronógrafo.

Principio, párese, y reinicialice establecido.

Dé un toque al Arranque. Dé un toque al botón de Regazo para registrar un regazo o dividirse. Dé un toque al botón de Parada para registrar el tiempo final. El cronometraje sigue, mientras que usted cambia atrás al reloj afrontan o abren otro apps. Cuando usted termina, da un toque al Botón de reposición o el botón de Regazo para reinicializar.

Como seleccionar el formato de cronómetro

Usted puede modificar la composición de la demostración de cronometraje antes, después, o durante el cronometraje. Presione la demostración fuertemente, a pesar de que el cronómetro muestra, y luego dar un toque a Análogo, Digital, Gráfico, o Híbrido, etc. Cambie el análogo intermedio, el un disco, y el tres disco con hendiduras.

Asestar un golpe en un cronómetro de análogo de disco pareció ver un minuto separado, segundo, y cuartos discos encima de una lista de desplazamiento de tiempos de regazo.

Como examinar los resultados

La revisión resulta en la demostración que usted usó para el cronometraje, o modificar pantallas para evaluar sus tiempos de regazo y más rápido o los regazos más lentos marcados con verde y rojo en el formato que usted elige. Si la demostración tiene una lista de tiempos de regazo, vuelta la Corona Digital para enrollar.

Cronometraje de monitor de su cara de reloj.

Para vigilar una sesión de cronometraje mostrando su cara de reloj habitual, añada un cronómetro a la cara. Su corriente adelante el tiempo será observado en la cara, y usted puede darle un toque para cambiar al Cronómetro app y verificar sus tiempos de regazo.

Como dejar de usar el cronómetro

Si usted usa su Cronómetro app, presiona la Corona Digital. Si usted usa la cara de reloj de Cronógrafo, los mandos de cronómetro están siempre en el grifo de cara el botón de Regazo para reinicializar yo

Como leer y contestar a mensajes

Yof usted quieren leer mensajes de texto entrantes en su Manzana Reloj elegante. Usted puede contestar también del Reloj de Manzana, dictando o seleccionando una respuesta rápida o cambiar a iPhone para escribir a máquina una nueva respuesta.

Leer un mensaje. Usted pensará que una notificación da un toque u oye un sonido despierto cuando un mensaje viene, levante la Manzana Reloj elegante para leerlo. Gire la Corona Digital para enrollar en el Reloj. Entonces abra una discusión en los Mensajes app. Dé un toque al símbolo de Mensaje en la notificación.

Ver una foto en su mensaje

Dé un toque a la foto para ver ello, doble grifo ello para llenar la pantalla, y arrastrarlo a una cazuela. Mientras usted es terminado, asesta un golpe abandonado del ribete de la pantalla de foto para volver a la charla. Si le gusta salvar la foto, abrir el mensaje en los Mensajes app para el iPhone, y guardarlo.

Escuche a un clip de audio en su mensaje

Dé un toque al clip usted quiere escuchar. El clip siempre es suprimido después de dos minutos para salvar el espacio. Si le gusta guardarlo, grifo Se conservan debajo del clip. El de audio se quedará durante treinta días, y usted puede ponerlo permanecer más largo que esto en el iPhone: vaya a Ajustes> Mensajes, voluta a Mensajes de Audio, el grifo Expira, luego toca un valor que usted quiere.

Vea un vídeo con un mensaje

En los Mensajes app en su Reloj, dé un toque a un vídeo en un mensaje para comenzar a jugar la pantalla completa de vídeo. Grifo una vez mostrar los mandos de repetición. Doble grifo para alejar y girar la Corona Digital para regular el volumen. Entonces Golpee u o bien dé un toque al botón trasero para volver a su conversación.

Sáltese a la cumbre de un mensaje largo. En Mensajes, dé un toque a la cumbre de la demostración.

Como contestar un mensaje. Si el mensaje sólo viniera, dé un toque a su notificación, gire la Corona Digital para enrollar abajo al fondo del mensaje, y luego dar un toque a la Respuesta. Si esto llegara hace unos segundos, asestar un golpe abajo en la cara de reloj para ver la notificación de mensaje, darle un toque, entonces volutas abajo al fondo y grifo el botón de Respuesta.

Si usted quiere marcar el mensaje, usted ya lee, grifo Despiden, o golpean el mensaje. Presione la Corona Digital de su Reloj para despedir la notificación sin la marca del mensaje como leído.

Decidir como ser notificado

Cuando abierto la Manzana Reloj elegante app en iPhone, dé un toque a Mi Reloj, luego dé un toque a Mensajes. Dé un toque a la Costumbre para poner opciones para como le gusta esto notificarle cuando usted recibe cualquier mensaje.

Como enviar y manejar mensajes

Si usted quiere enviar un nuevo mensaje. Abra los Mensajes, fuertemente presione la lista de charlas, luego dé un toque al Nuevo símbolo de Mensaje. Dé un toque a un contacto en la lista de la charla reciente que muestra, grifo + en el inferior dejado para seleccionar de su lista llena de contactos, o dar un toque al botón de Micrófono para buscar alguien en sus contactos o leer en voz alta un número de teléfono.

Hay muchos modos de escribir su mensaje:

1. El uso preestableció respuestas

2. Dictar el nuevo texto

3. Registrar un clip de audio

4. Enviar una imagen animada

5. Si usted tiene su iPhone en usted puede enviar un mapa con su posición

6. Usted puede cambiar al iPhone y utilizar el teclado lleno para escribir a máquina un mensaje

Como enviar una respuesta predeterminada

Si usted quiere contestar a un mensaje, usted ve una lista de frases prácticas que usted puede usar, dar un toque al que que usted desea enviarlo. Las frases incluyen respuestas relacionadas basadas en el último mensaje recibido y seis frases de falta que usted puede modificar. Para reservar sus propias oraciones, abra la Manzana Reloj elegante app en iPhone, dé un toque a Mi Reloj, vaya a Mensajes> Respuestas de Falta, luego dé un toque a una respuesta de falta para modificarlo.

Si las respuestas predeterminadas no están en la lengua le gusta usar, usted puede modificarlos cambiando el teclado para aquella lengua particular en la misma charla en Mensajes en iPhone.

Si usted quiere anular su primera respuesta en la Manzana Reloj elegante, entonces repetición otra vez para ver las respuestas en la nueva lengua. Si no le gusta modificar teclados, usted puede dictar y enviar un clip de audio en el estilo de su preferencia.

Dictar texto. A pesar de que de crear un mensaje o respuesta, dé un toque al botón de Micrófono, diga lo que usted quiere decir, dar un toque luego Hecho. (Por favor no olvide que usted puede decir el signo de puntuación, también o el caso, "hizo esto llega el signo de interrogación"). Usted también puede seleccionar para enviar el mensaje como un mensaje de texto o un clip de audio, ahora dar un toque a su opción. Si usted elige un clip de audio, el receptor consigue un mensaje de voz para escuchar a, pero no un mensaje de texto leído.

Si usted usa más de una lengua y su dictado no es transcrito en la lengua derecha para una charla, usted todavía puede enviarlo como un clip de audio. Para modificar la lengua de dictado, cambie la lengua Siri en su iPhone en Ajustes> General> Siri, y luego comience una nueva charla.

Si usted quiere enviar dictado el texto como un clip de audio

Si usted va a enviar todo su texto prescrito como un clip de audio, usted no requiere la selección de ello cada vez. Abra la Manzana Reloj elegante app en su iPhone, dé un toque a Mi Reloj, vaya a Mensajes> Mensajes de Audio, y luego dé un toque a una opción.

Incluya una imagen animada

Creando un mensaje o responden, dan un toque al botón de imagen, y luego asestan un golpe para mirar las imágenes disponibles. Gire la Corona Digital para enrollar abajo y ajustar la imagen, por ejemplo, convierte la sonrisa en un gesto que frunce el ceño. En caras, la rastra se marchó o directamente a través de los ojos o boca para modificar la expresión más. Para ver otros tipos de imagen, aseste un golpe a las siguientes páginas. La última página pone emoji tradicional en una lista. Cuando usted encuentra el icono derecho, le da un toque para añadirlo a su mensaje, y luego enviarlo.

Compartir su posición

Si usted quiere enviar un mapa mostrando a sus sitios corrientes a su amigo, fuertemente presionar la demostración viendo la carta, y luego da un toque Envían mi Posición.

Usted debería asegurar que su iPhone emparejado, Comparta Mi Posición es encendida en Ajustes> iCloud> Comparten Mi Posición.

¿Quiere usted ver si sus mensajes fueron enviados? Aseste un golpe dejado en la conversación en la lista de conversación de Mensajes.

Como ver mensajes detallan la información

Fuertemente presione la demostración viendo la conversación, luego da un toque a Detalles. Esto mostrará la información de contacto del otro participante (s) en la conversación. O bien, asesta un golpe dejado en la conversación, y luego dar un toque a Detalles.

Como suprimir una conversación

Golpee dejado en la conversación, dé un toque a la Basura, y luego dé un toque a la Basura para confirmar.

Toque Digital de su Reloj de Manzana

Tél que la función principal del Toque Digital consiste en que usted puede enviar esbozos, grifos, o su latido del corazón a su amigo con una Manzana SmartWatch.

Abrir un Toque Digital

Presione el botón de lado de su Reloj de Manzana para ver a sus amigos, luego dé un toque a un amigo y dé un toque al botón de Toque Digital debajo de su foto. Usted sólo ve el símbolo de Toque Digital si su amigo tiene una Manzana Reloj elegante.

Como enviar un Toque Digital

Enviar cualquiera de un esbozo, un modelo de grifos, o hasta su latido del corazón. En el screenshot que sigue, la imagen en los espectáculos izquierdos lo que es enviado, y la imagen en el derecho muestra la notificación que ha sido recibida.

Para experimentar un Toque Digital alguien ha enviado, grifo en una notificación. Envíe un esbozo. Use la pantalla.

Envíe un grifo

Dé un toque a la pantalla para enviar un grifo solo o repetidamente dar un toque para enviar un modelo de grifo.

Repetición el modelo de grifo

Comparta su latido del corazón. Coloque dos dedos en la demostración hasta que usted sienta su pulso y vea que esto animó en la pantalla.

El Correo electrónico en su Reloj de Manzana
Como leer correo

En su Manzana Reloj elegante, abra el Correo app, gire la Corona Digital para enrollar abajo la lista de mensaje, y luego dar un toque a un mensaje. Para leer el mensaje o la respuesta en su iPhone, aseste un golpe en el símbolo de Correo en la esquina inferior izquierda de la pantalla de Cerradura de iPhone.

Lea el correo en una notificación.
Si usted quiere poner la Manzana Reloj elegante mostrar notificaciones de correo electrónico, usted puede leer un nuevo mensaje directamente en la notificación. Dé un toque a la notificación cuando esto primero muestra o asestar un golpe abajo en la cara de reloj para ver notificaciones usted ha recibido, luego da un toque a una notificación de correo electrónico.

Para despedir la notificación, aseste un golpe abajo de la cumbre o grifo Despiden al final de mensaje.

Si usted no recibe notificaciones para un correo electrónico, vaya a Ajustes> las Notificaciones en su iPhone y verifique para ver si usted hace encender notificaciones para el correo electrónico.

Su reloj de Manzana configura la mayor parte de estilos de texto y algunos formatos; el texto cotizado muestra en un color diferente relativamente que como una mella. Si usted recibe un mensaje de HTML con elementos compuestos, Manzana el Reloj elegante trata de mostrar una alternativa de texto del mensaje. Es mejor tratar de leer el mensaje en su iPhone en su lugar. Interruptor a iPhone. Algunos mensajes son más simples de entender en lleno - en iPhone, despertar su iPhone, y luego asestar un golpe en el símbolo de correo electrónico en la esquina inferior izquierda de la pantalla de cerradura.

Entonces vuelva a la cumbre de un mensaje de correo electrónico largo. Gire la Corona Digital para enrollar abajo rápidamente, o dar un toque a la cumbre de la demostración.

Como abrir Teléfono o Mapas

Dé un toque a un número de teléfono en un mensaje de correo para abrir el Teléfono, o una dirección para abrir Mapas.

Observe la dirección completa o sujete la línea. Dé un toque al campo o la línea sustancial. El reloj de manzana abre el mensaje de correo en su propia ventana; como consiguiente, usted puede ver todos los detalles.

Contestar a un correo electrónico. Usted requiere que la utilización iPhone para crear una respuesta sólo despierte su iPhone y aseste un golpe en el símbolo de correo en la esquina inferior izquierda de la pantalla de Cerradura.

Como manejar su correo electrónico

Señale un mensaje de correo. Cuando usted lee el mensaje en el Correo en la Manzana Reloj elegante, fuertemente presiona la demostración, y luego da un toque a la Bandera. Si usted mira la lista de mensaje, golpea abandonado en el mensaje, entonces da un toque Más. Usted puede fag el mensaje si usted lo ve de preestreno en una notificación. Usted debería asestar un golpe al botón de Bandera en el fondo del mensaje. Usted también puede desenchufar un mensaje que ha sido antes señalado.

Siempre que usted aseste un golpe abandonado en un hilo de mensaje, la acción que usted selecciona es tal Bandera, Señal como No leída, o Suprime al hilo.

Modificar la bandera de estilo. Abra la Manzana Reloj elegante app en su iPhone, dé un toque a Mi Reloj, y luego vaya para Enviar> Costumbre> Estilo de Bandera.

Marque un correo electrónico como leer o no leído.

Cuando usted lee un mensaje en el Correo en la Manzana Reloj elegante, fuertemente presiona la demostración, y luego da un toque No leído o Leído. Si usted mira la lista de mensaje, asesta un golpe abandonado en el mensaje, y luego da un toque Más.

Suprimir su correo electrónico

Si usted lee el mensaje en el Correo en la Manzana Reloj elegante, fuertemente presiona la demostración, entonces da un toque a la Basura. Si usted mira la lista de mensaje, asesta un golpe abandonado en el mensaje, y luego da un toque a la Basura.

Usted puede suprimir o bien un mensaje de su notificación. Enrolle abajo al fondo del mensaje, y luego dé un toque a la Basura.

Sin embargo, si su cuenta es colocada para archivar mensajes, usted verá un botón de Archivo como una alternativa de un botón de Basura.

Como seleccionar qué caja parece en la Manzana el Reloj elegante. Abra su Reloj de Manzana app en iPhone, dé un toque a Mi Reloj, luego vaya para Enviar> Incluyen el Correo. Usted puede indicar sólo una caja, aunque si usted no selecciona una caja, usted pueda ver todo el contenido de todos los buzones de entrada.

Personalizar alarmas

Adaptar su alarma abren la Manzana Reloj elegante app en iPhone, dan un toque a Mi Reloj, luego encienden el Correo> Alarmas de Espectáculo. Dé un toque a cada cuenta o grupo, encienda la opción para ser alertada, y luego seleccione el Sonido o Haptic.

Cuando su lista de mensaje es larga

 Construir su correo ponen en una lista más condensado, usted puede reducir el número de líneas del texto de vista anticipada mostrado para cada correo electrónico en la lista. Abra la Manzana Reloj elegante app en iPhone, dé un toque a Mi Reloj, vaya para Enviar> Vista anticipada de Mensaje, luego seleccionar para mostrar dos líneas del mensaje, una línea, o ninguno en absoluto.

Llamadas telefónicas en Reloj de Manzana

Como contestar llamadas telefónicas

Esto es una idea muy significativa sobre la evitación de cualquier distracción que podría conducir a situaciones peligrosas.

Conteste una llamada.

Cuando usted ve la notificación de llamada entrante, levanta su muñeca para despertar el Reloj de Mercado de Manzana y identificarse quién llama. Dé un toque al botón de Respuesta en el Reloj de Manzana para charlar usando el micrófono y altavoz en el Reloj de Manzana. Enrollar abajo para contestar la llamada usando un iPhone o enviar un mensaje de texto en su lugar, vuelta la Corona Digital para enrollar abajo, y luego seleccionar una opción.

Sostenga una llamada.

El grifo en "la Respuesta en iPhone" para poner la llamada sobre el asimiento hasta que usted pueda seguirlo en su iPhone emparejado. El visitante oye un sonido continuo a menos que usted recoja la llamada. Si usted no puede encontrar su iPhone en la variedad, dé un toque al sonido metálico iPhone botón en el Reloj de Manzana para localizarlo.

Cambie una llamada del Reloj de Manzana a su iPhone
Charlando en la Manzana Reloj elegante, aseste un golpe en el símbolo Telefónico en la esquina izquierda de fondo de la pantalla de Cerradura de iPhone. O bien, si su iPhone es abierto, dé un toque a la barra verde en lo alto de la pantalla.

Cambie el volumen de llamada.
Para ajustar el volumen de altavoz charlando en el Reloj de Manzana, gire la Corona Digital mientras en la llamada o dan un toque a los símbolos de volumen en la pantalla. Dé un toque al botón Mudo para silenciar su final de la llamada a un instante si usted está en una teleconferencia.

Usted puede silenciar rápidamente una llamada entrante presionando la palma de su mano en la demostración de reloj y sosteniendo ello allí durante 3 segundos. Usted debe encender al principio la opción en la

Manzana Reloj elegante app en iPhone. Vaya a Mi Reloj> Sonidos y Haptics y encienda la Tapa para Silenciar.

Enviar una llamada a voicemail

El grifo en la Decadencia roja abrocha en la notificación de llamada entrante.

Si usted quiere escuchar a voicemail, si un visitante deja un voicemail, usted consigue una notificación. Dé un toque al botón de Juego en la notificación para escuchar. Sin embargo, si le gusta escuchar a voicemail más tarde, luego abrir el Teléfono app, y dar un toque a Voicemail.

Como hacer llamadas telefónicas
"Llame máximo"

Si el que que usted llama es uno de sus favoritos, prensa el botón de lado, vuelta la Corona Digital o grifo su nombre inicial, entonces da un toque al botón de llamada. Si ellos no están en su lista de contactos, abren el Teléfono app, y luego dan un toque a favoritos o contactos. Gire la Corona Digital para enrollar abajo y dar un toque al nombre que usted quiere llamar.

La información de llamada en reloj de Manzana

Cuando usted habla del iPhone, usted puede ver la información de llamada en su Reloj de Manzana en el Teléfono app. Usted puede terminar también la llamada del Reloj de Manzana, sobre todo si usted usa auriculares o un audífono.

El CAPÍTULO 13

Calendarios de Reloj de Manzana y Recordatorios

Como verificar y actualizar su calendario

Tél Calendario app en la Manzana que el Reloj elegante muestra cada acontecimiento que usted ha programado o sido invitado de hoy a la próxima semana. El Reloj Elegante de la Manzana muestra acontecimientos para todos los calendarios que usted ha usado en su iPhone.

Vea un calendario mensual

Si le gusta ver su calendario

El Calendario Abierto del Reloj a Casa protege, o asesta un golpe en la cara de reloj, asesta un golpe al vistazo de Calendario, luego da un toque. Usted puede dar un toque a la fecha de hoy en su cara de reloj si usted ha añadido ya el calendario a la cara.

¿"Cuál es su siguiente acontecimiento?"

Examine acontecimientos de hoy.

Sólo abra el Calendario, luego gire la Corona Digital para enrollar. Aseste un golpe directamente en objetivo de hoy o salto al tiempo corriente. Para ver detalles de acontecimiento, como tiempo, posición, el estado de invitación, y las notas, da un toque al acontecimiento.

Pero si le gusta cambiar entre el objetivo diario y una lista sola de sus acontecimientos. Fuertemente presione la demostración mientras usted ve un calendario diario, y luego da un toque a Lista o Día.

Vea un día diferente.

En la vista de Día, aseste un golpe dejado en el calendario de hoy para ver al día siguiente.

Golpee el derecho de volver

Usted no puede ser capaz de ver cualquier día antes hoy, o total de más de siete días. Para brincar atrás hasta el día corriente y tiempo, fuertemente presione la demostración, luego dé un toque hoy. En la vista de Lista, luego gire la Corona Digital.

Ver un calendario de mes lleno. Grifo <en el superior dejado de cualquier calendario diario. Dé un toque al calendario mensual para volver a la vista de Día.

Añada y cambie su acontecimiento.

Interruptor al Calendario app en su iPhone, luego añada el acontecimiento allí. Si usted ve en su calendario en la Manzana el Reloj elegante, despierta iPhone y asesta un golpe en el símbolo de calendario en la esquina inferior izquierda de la pantalla de Cerradura para abrir el Calendario.

"Construya un acontecimiento de calendario Gimnasio titulado hacia el 20 de mayo, 4 de la tarde."

Mostrar la fecha o un acontecimiento próximo en su cara de reloj. Usted puede añadir un poco de mezcla del día y pasar de moda a varias de las caras de reloj: durante instante, Modular, en Color, Utilidad, Simple, o Cronógrafo. El Modular, el Cronógrafo, y las caras de Mickey Mouse pueden mostrar el siguiente acontecimiento próximo.

Fuertemente presione la demostración pareciendo la cara de reloj, aseste un golpe a una cara, y luego dé un toque Personalizan.

Si usted ve la invitación cuando esto viene, golpear o girar la Corona Digital para enrollar al fondo de la notificación, luego dar un toque Aceptan, Tal vez, o Decadencia. Si usted averigua la notificación más tarde, le da un toque en su lista de notificaciones, entonces enrolla y responde. Si usted está ya en el Calendario app, ahora da un toque al acontecimiento para responder.

Póngase en contacto con un organizador de acontecimiento.

Si le gusta enviar al organizador de acontecimiento por correo electrónico, fuertemente presionar esta demostración mientras usted ve en los detalles de acontecimiento. Para enviar un mensaje de voz o la llamada, el grifo en el nombre del organizador tal como resultó después detalla.

Tiempo para marcharse

Usted puede a - poner realmente "un permiso en una lista ahora" alarma basada durante el tiempo de viajes esperado a un acontecimiento que usted crea. Abra el Calendario app en su iPhone, dé un toque al acontecimiento, grifo Corrigen, dan un toque al Tiempo de Viajes, y lo encienden. Usted obtendrá una alarma que toma el tiempo de viajes en cuenta.

El cambio de ajustes.

Abra la Manzana Reloj elegante app en su iPhone, dé un toque a Mi Reloj, y luego dé un toque al Calendario.

Cuando no hay ningunos recordatorios app en la Manzana Reloj elegante, pero Reloj de Manzana le notifica de recordatorios que usted hace en los Recordatorios app en su iPhone. Y en alguno otro o Mac, esto ha firmado en la utilización de su tarjeta de identidad de Manzana.

Usted puede hacer recordatorios usando Siri en la Manzana Reloj elegante.

Responda a un recordatorio.

Si usted ve la notificación de recordatorio cuando esto viene, asestar un golpe al fondo del recordatorio, y luego dar un toque Dormitan, Completados, o Despiden. Si usted averigua la notificación después, le da un toque en su lista de notificaciones, entonces enrolla abajo y responde.

Ponga un recordatorio.

Utilizar Siri en Reloj de Manzana

Presione y sostenga la Corona Digital, luego hable. O bien, levante su muñeca y diga, "Hola Siri, ponga un recordatorio." Usted puede poner recordatorios en su iPhone u otro dispositivo como un dispositivo IOS o Mac que es firmado el registro utilización de su tarjeta de identidad de Manzana.

El CAPÍTULO 14

Como rastrear su actividad diaria

Tél la Actividad app en su Reloj de Manzana guarda un rastro de su asociación por todas partes del día y ayudas supone que usted encuentra sus objetivos de juego de buena forma física. El app también puede rastrear con que frecuencia usted se levanta, como enormemente usted se mueve, y cuantos minutos del ejercicio usted funciona, y esto proporciona un anillo gráfico fácil de su actividad diaria. El objetivo principal es sentarse menos, movimiento más, y conseguir un poco de ejercicio terminando cada anillo cada día. La Actividad app en su iPhone guarda un registro a plazo largo de toda su actividad diaria y semanal.

Sin embargo, usted debería tomar la nota que el Reloj de Manzana puede descubrir el precio de corazón usando su sensor, y la Manzana SmartWatch apps no es dispositivos médicos y querido únicamente para objetivos de buena forma física sólo.

Ser comenzado

Por primera vez, usted abre la Actividad en su Manzana Reloj elegante, asesta un golpe abandonado para leer el Movimiento, Ejercicio, y descripciones de Soporte, luego da un toque Son Comenzados. Entre en la información esencial dando un toque a Sexo, Edad, Peso, y Altura, y luego gire la Corona Digital para ponerse y dar un toque Siguen. Finalmente, grifo Comienzan a Moverse.

Usted también debería entrar en sus fechas de nacimiento, sexo, altura, y peso en la Manzana Reloj elegante app en iPhone. En el Reloj de Manzana app, dé un toque a Mi Reloj, y luego dé un toque a la Salud.

Verifique su progreso.

Aseste un golpe en su cara de reloj, luego aseste un golpe al vistazo de Actividad en cada vez para ver como usted hace. Dé un toque al vistazo para abrir la Actividad app y asestar un golpe para ver las actividades personales. El anillo de Movimiento indica cuantas calorías activas usted se ha quemado. El anillo de Ejercicio muestra cuantos minutos de la actividad enérgica usted ha hecho. El anillo de Soporte muestra cuantas veces en el día usted ha aguantado al menos 1 minuto por hora. Aseste un golpe en una actividad o gire la Corona Digital para ver su progreso como una forma de un gráfico.

Un anillo que se superpone significa que usted ha excedido su objetivo. El reloj para premios de logro, si usted hace encender aquel rasgo.

Compruebe su historia de actividad

Para abrir la Actividad app en su iPhone, dé un toque en una fecha en el calendario para ver una avería para aquel día. Usted verá cuantos pasos usted tomó y la distancia particular que usted cubrió, en la adición para Mover, ejercer, y Poner la información.

Regule sus objetivos.

La Actividad Abierta en la Manzana el Reloj elegante y fuertemente presiona la demostración hasta que usted vea el plazo límite para modificar su objetivo de Movimiento.

El lunes, cada semana, usted también será notificado sobre los logros de la semana anterior, y usted puede regular su objetivo de Movimiento diario para la semana próxima. El Reloj de Manzana sugiere objetivos basados en su interpretación previa.

Notificaciones de actividad de control.

Los recordatorios pueden ayudarle cuando esto viene a objetivos que se encuentran. El Reloj Elegante de la Manzana puede avisarle si usted está en el rastro o quedarse atrás sus objetivos de actividad. Esto puede alertarle hasta si usted ha estado sentándose para demasiado mucho tiempo. Seleccionar qué recordatorios y alarmas le gustaría ver, abrir la Manzana Reloj elegante app en su iPhone, dan un toque a Mi Reloj, luego dan un toque a la Actividad.

Supervise sus pruebas

La Prueba app en su Reloj de Manzana le da los instrumentos para controlar sus sesiones de prueba personales. Esto le deja poner objetivos explícitos, esto gustan tiempo, distancia, o calorías, luego arrastra su progreso, da un codazo a usted a lo largo del camino, y précised sus resultados. Usted también puede usar la Actividad app en su iPhone al análisis su historia de prueba entera.

Comience una prueba.

La Prueba Abierta, y luego da un toque a la clase de prueba usted va. Cuando usted usa el app y selecciona pruebas, la orden de pruebas reflejará sus preferencias.

En su pantalla de objetivo, aseste un golpe dejado y derecho de seleccionar una caloría, el tiempo, o el objetivo de distancia (o ningún objetivo), luego girar la Corona Digital o el grifo +/-para ponerse. Cuando usted está listo para ir, dar un toque al Principio. Si usted mide calórico o tiempo, usted puede dejar su iPhone en la espalda y ejercer con la justa Manzana el Reloj elegante. Sin embargo, para las medidas de distancia perfectas al aire libre, ello mejor para tomar iPhone a lo largo.

El Paseo Al aire libre y de Interior, Carrera, el Ciclo diferencia pruebas porque la Manzana el Reloj elegante calcula la caloría quema otro camino para cada uno. Por ejemplo, las pruebas de interior, el Reloj de Manzana confía sobre todo en sus lecturas de precio de corazón para estimaciones de caloría, pero para pruebas al aire libre, Manzana trabajos de Reloj elegantes en la combinación con su iPhone que tiene GPS para calcular la velocidad y la distancia. Aquellos estándares, valores, junto con su precio de corazón, esto es usado para estimar el número de calorías quemadas.

Comprobación de su progreso

Comprobar la finalización suenan en todas partes de su prueba para un signo rápido de su progreso. Aseste un golpe en la mitad inferior de la pantalla para examinar pasó el tiempo, el paso medio, distancia cubierta, calorías precio usado, y de corazón. Como una alternativa a la inspección de los anillos de progreso, usted puede seleccionar para ver su distancia, caloría, o valores de tiempo numéricamente. Abra la Manzana Reloj elegante app en iPhone, dé un toque a Mi Reloj, luego encienda la Prueba> Objetivo de Espectáculo Métrico.

Pausa y curriculum vitae.

Si usted quiere hacer una pausa la prueba en algún tiempo dado, fuertemente presionar la demostración, y luego dar un toque a la Pausa. En el modo de continuar, presionar para fuertemente la demostración otra vez, luego dan un toque al Curriculum vitae.

Poder de conserva en prueba larga

Usted puede salvar el poder incapacitando el sensor de precio de corazón durante andar largo y correr de pruebas. Su estimación de quemadura de caloría no podría ser como correcto. Abra la Manzana Reloj elegante app en iPhone, dé un toque a Mi Reloj, y luego encienda la Prueba> Poder que Salva el Modo.

Termine la prueba.

Siempre que usted alcance su objetivo estatal, usted oirá una alarma. Si usted siente la penalidad y quiere seguir, seguir adelante. El Reloj elegante de la manzana sigue coleccionando datos hasta que usted lo notifique para pararse.

Cuando usted está listo, fuertemente presiona la demostración, y luego da un toque al final. Gire la Corona Digital para enrollar por el resumen de resultados, luego dé un toque Ahorran o Descarte en el fondo.

Examine su cuenta de prueba.

Sólo abra la Actividad app en su iPhone, luego dé un toque a una fecha. Enrolle abajo para ver que sus pruebas pusieron en una lista allí el Movimiento, Soporte, y resúmenes de Ejercicio. Aseste un golpe dejado en una prueba para ver más detalles de ello.

Como comprobar su precio de corazón

Si usted quiere conseguir los mejores resultados, la espalda de la Manzana smartwatch contacto de piel de necesidades para el aspecto como el descubrimiento de muñeca, haptic notificaciones, y el sensor de precio de corazón. El uso de una Manzana Reloj elegante con el derecho adecuado. Usted no debe llevarlo puesto demasiado apretado, sino también no demasiado suelto, y con el cuarto para su piel para respirar, este le guardará cómodo y permitirá que los sensores hagan su función. Usted puede yearn para apretar la Manzana Reloj elegante para pruebas, y luego soltar la cinta cuando usted es hecho. Además, los sensores trabajarán únicamente sólo cuando usted lleva puesta la Manzana Reloj elegante en la cumbre de su muñeca.

Vea su precio de corazón presente.

Aseste un golpe en la cara de reloj, luego aseste un golpe al vistazo de Latido del corazón para determinar su precio de corazón y ver su último leer. Sólo dé un toque al corazón en el vistazo para tomar una nueva lectura.

Precio de corazón que comprueba durante una prueba

Aseste un golpe en la mitad inferior de la pantalla de progreso de prueba.

Como guardar sus datos de Reloj de Manzana exactos

El Reloj de Manzana siempre usa la información de datos bio que usted da sobre su altura, peso, género, y edad para calcular cuantas calorías usted se quema, como distancia usted viaja, y otros datos. Además, más usted corre con la prueba app usted tiene, más Manzana smartwatch aprende su fila de buena forma física. Además, más exactamente esto puede calcular aproximadamente las calorías que usted ha quemado durante la actividad aerobic.

Su iPhone GPS, permita a Manzana el Reloj elegante para conseguir hasta más para la exactitud. Por ejemplo, si usted lleva un iPhone usando la Prueba app en la carrera, Manzana el Reloj elegante usa el iPhone GPS para calibrar su paso grande. Entonces más tarde, si usted no lleva el iPhone, o si usted calcula donde una red de GPS no está disponible (por ejemplo, si usted está dentro), la Manzana smartwatch usa la información ya almacenada sobre su paso grande para medir la distancia.

Actualización en su altura y peso.

Sólo abra la Manzana Reloj elegante app en iPhone, dé un toque a Mi Reloj, dé un toque a Salud, Peso, o Altura, y cambio.

Paga de Reloj de Manzana y Libreta de banco

Como hacer una compra con Paga de Manzana

Yo f usted quiere comprar cosas en línea, usted puede usar la Paga de Manzana en la Manzana Reloj elegante para hacer compras en tiendas que reconocen pagos sin contacto. Establezca una Paga de Manzana en la Manzana Reloj elegante app en su iPhone, y ahora usted puede hacer compras, aun si usted no tiene un iPhone.

Si usted no emparejara el Reloj de Manzana, incapacite su passcode, o la vuelta del descubrimiento de muñeca porque usted no puede usar la Paga de Manzana.

Usted puede ascender a 8 crédito o tarjetas de débito; ellos aparecerán en lo alto de la pila en su Libreta de banco app, encima de sus pases. Los 4 o 5 últimos dígitos de su crédito o número de tarjeta de débito son mostrados en el frente de una tarjeta de pago.

Despierte el juego en la Paga de Manzana en su Reloj de Manzana.

A pesar de que usted ha establecido ya una Paga de Manzana en su iPhone utilización de la Libreta de banco app, usted también tiene que añadir el crédito o tarjetas de débito para usar en la Manzana el Reloj elegante. Tienen su crédito o tarjeta de débito práctica, y luego abra la Manzana Reloj elegante app en su iPhone. Dé un toque a Mi Reloj, dé un toque a la Libreta de banco, y Paga de Manzana, el grifo Añade Crédito o Tarjeta de Débito, y luego da un toque Después. Si usted consigue un crédito apoyado o la tarjeta de débito en el archivo con iTunes o la Tienda de App, entra en el código de seguridad de la tarjeta primero. O sea, use la cámara iPhone para romper la información en su crédito o tarjeta de débito, y luego competir en cualquier información requerida, con el código de seguridad de tarjeta. Usted debe saber que su emisor de tarjeta a veces requiere que otros pasos de detalle demuestren su identidad. De ser así, seleccione una opción de verificación, grifo Verifican, y luego dan un toque Entran en el Código para completar su verificación.

Añada otro crédito o tarjeta de débito.

En su Manzana miran app en iPhone, dan un toque a Mi Reloj, dan un toque a Libreta de banco y Paga de Manzana, grifo Añaden Crédito o Tarjeta de Débito, luego siguen el en pantalla órdenes.

Seleccione su tarjeta de falta.

En su Manzana miran app en su iPhone, dan un toque a Mi Reloj, dan un toque a Libreta de banco y Paga de Manzana, dan un toque a la Tarjeta de Falta, y luego eligen la tarjeta deseada.

Como hacer pago para una compra

Si usted quiere pagar para compra. Sólo haga doble click en el botón de lado, aseste un golpe para modificar naipes, y luego sostener la Manzana Reloj elegante dentro de unos centímetros del lector de tarjeta sin contacto, con la demostración que afronta al lector. Un pulso suave y el tono certifican la información de pago fue enviado.

Encuentre el número de cuenta de dispositivo para una tarjeta.

Siempre que usted haga un pago con el Reloj de Manzana, el Número de Cuenta de Dispositivo de la tarjeta es enviado con el pago al partido mercante. Para encontrar los 4 o 5 últimos dígitos de este número, abra la Manzana Reloj elegante app en iPhone, dé un toque a Mi Reloj, dé un toque a Libreta de banco y Paga de Manzana, luego dé un toque a una tarjeta.

Quite una tarjeta de Paga de Manzana

Sólo abra la Libreta de banco en el Reloj de Manzana, grifo para elegir una tarjeta, fuertemente presionar la tarjeta, luego dé un toque suprimen. O bien, abra la Manzana Reloj elegante app en su iPhone, dé un toque a Mi Reloj, dé un toque a Libreta de banco y Paga de Manzana, dé un toque a la tarjeta, luego dé un toque Quitan.

Si la Manzana smartwatch es robada o perdida

Siempre que su Reloj de Manzana sea perdido o robado, signo en a su cuenta en iCloud.com y quitar sus naipes. Vaya a Ajustes> Mis Dispositivos, seleccione el dispositivo, y el chasquido Quita Todos. Usted también puede llamar la compañía en sus naipes.

Como usar Libreta de banco

Su Libreta de banco app en el Reloj de Manzana puede guardar sus tarjetas de embarque, boletos de película, naipes de lealtad, y mucho más en un lugar. Sus pases en la Libreta de banco en su iPhone automáticamente sincronización al Reloj de Manzana cuando usted ha encendido el Espejo iPhone en el Reloj app. En primer lugar escanea un pase en la Manzana Reloj elegante para verificar en para una lucha, entrar en una película, o redimir un cupón. Para poner opciones para sus pases en la Manzana Reloj elegante, abra el Reloj de Manzana app en su iPhone, dé un toque a Mi Reloj, luego dé un toque Paga de Manzana y a Libreta de banco.

Modos de usar un pase.

Si una notificación para un pase muestra en la Manzana el Reloj elegante, dé un toque a la notificación para mostrar el pase. Usted debería enrollar abajo para ponerse al código de barras. O bien, abra la Libreta de banco, elija el pase y luego presente el código de barras en el pase al explorador.

El modo de reajustar pases

En su iPhone, abra la Libreta de banco app, y la rastra para reajustar pases. La orden reflexionará sobre la Manzana smartwatch.

¿Cuándo hecho con un pase? Para suprimir el pase en su iPhone, Sólo abra la Libreta de banco app, dé un toque al pase, el grifo, y luego dé un toque Suprimen.

Mapas de Reloj de Manzana y Direcciones

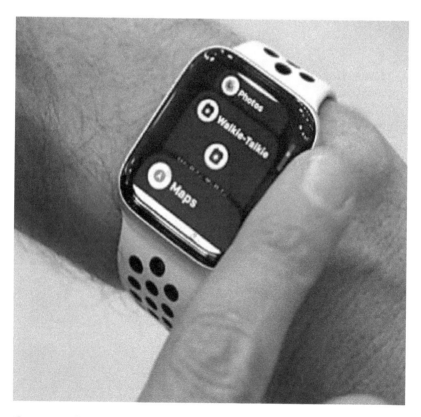

Como explorar el mapa

Su Manzana Reloj elegante tiene un vistazo de Mapas para una mirada rápida a su posición circundante, y unos Mapas llenos app para explorar y conseguir direcciones.

"Ciudad de espectáculo en el mapa."

Vea un mapa.

Sólo abra los Mapas app en la Manzana smartwatch. O, para una mirada rápida a su posición, aseste un golpe en su cara de reloj, luego aseste un golpe al vistazo de Mapas. Dé un toque al vistazo de Mapas para abrir los Mapas llenos app.

Cazuela y acercamiento.

Si usted quiere dejar por los suelos el mapa, rastra con un dedo. Pero si usted quiere acercar o girar, la Corona Digital. Usted puede el doble grifo el mapa para acercar sobre el terreno usted da un toque. Dé un toque al botón de rastreo en el inferior izquierdo para regresar a su posición reciente.

Busca del mapa

Cuando usted ve el mapa, fuertemente presiona la demostración, da un toque a la Búsqueda, y luego da un toque al Dictado o da un toque a una posición en la lista de sitios usted ha explorado recientemente.

La adquisición de datos sobre la señal o posición

Sólo dé un toque a la posición en el mapa, luego gire la Corona Digital para enrollar la información. Grifo <en el superior dejado para volver al mapa.

Pegar un alfiler

Sólo toque y sostenga el mapa donde usted quiere que el alfiler para ir, para esperar el alfiler para caerse, y dejar luego vaya. En este momento usted puede dar un toque al alfiler para la información de dirección, o utilizarlo como el punto de partida o destino para direcciones. Para mover el alfiler, deje caer nuevo uno en la nueva posición.

Como encontrar cualquier posición en el mapa mundial

Aquí deje caer un alfiler en la posición, luego dé un toque al alfiler para ver la información de dirección.

Llamar una posición

Sólo dé un toque al número de teléfono en la información de posición. Para cambiar a iPhone, aseste un golpe en el símbolo Telefónico en la esquina inferior izquierda de la pantalla de Cerradura, luego dé un toque a la barra verde en lo alto de la pantalla.

Como ver la dirección de su contacto en el mapa

Cuando usted ve el mapa, fuertemente presiona la demostración, da un toque a Contactos, gira la Corona Digital para enrollar, y dar un toque luego al contacto.

Consiga su posición.

Mapas sólo abiertos, luego palmee la flecha de posición reciente el inferior dejado. O aseste un golpe al vistazo de Mapas, que siempre indica donde usted es. Si usted tiene un futuro acontecimiento de calendario, el vistazo de Mapas le muestra direcciones.

Como conseguir sus direcciones

Si usted quiere conseguir sus direcciones a alguna señal o alfiler de mapa. Mapas sólo abiertos, luego dé un toque a la señal objetivo o trace un mapa del alfiler. Enrolle abajo el detalle de posición hasta que usted vea Direcciones, luego dé un toque a Andar o Conducción. Siempre que usted sea todo puesto ir, dar un toque al Principio, luego seguir las direcciones.

Conseguir direcciones a un resultado de búsqueda o contacto. Cuando usted ve el mapa, fuertemente presiona la demostración, y luego da un toque a Búsqueda o Contactos.

Pedir a Siri direcciones

Sólo diga a Siri donde le gustaría ir.

Como seguir las direcciones

Subsecuente a su grifo para comenzar y atajar en su primera pierna, Manzana golpeado de usos de Reloj elegante para permitirle para saber cuando dar vuelta. Una serie estable de 12 medios de grifos da vuelta a la derecha en la intersección a la que usted se acerca; tres pares de dos medios de grifos dan vuelta a la izquierda. ¿Pero si no seguro, a qué su posición objetivo parece? Usted sentirá una vibración cuando usted está en la última pierna, y otra vez cuando usted llega.

Compruebe su progreso.

Sólo aseste un golpe dejado en el paso corriente de sus direcciones, o dé un toque a los puntos en el fondo de la pantalla para ver una vista de mapa.

Como a tiempo estimado

Sólo de la llegada, fuertemente presione de parar direcciones. Averiguar cuando usted se pondrá allí.

Sólo mirada en la esquina superior izquierda para su tiempo estimado de llegada. El tiempo corriente está en el derecho superior.

Las direcciones de final antes de usted se ponen allí

Fuertemente presione la demostración, y luego dé un toque a Direcciones de Parada.

Toque la música en su iPhone

Usted puede usar la Música app o el Ahora vistazo que Juega en el Reloj de Manzana para controlar la repetición de música en su iPhone.

"Oso de Panda de Juego."

Toque la música en el iPhone.

125

Sólo abra la Música a la Manzana Reloj elegante. El oleaje por playlists, álbumes, artistas, o canciones hasta que usted vea una lista de canciones que le gusta, y luego da un toque a una canción para jugarlo.

Pero si usted no mancha la música usted espera, asegúrese iPhone, no el Reloj de Manzana, es su fuente. Fuertemente presione la demostración, dé un toque a la Fuente, luego Vuelva al tracklist.

Grifo para ver el arte de álbum. Firmemente exijas opciones de repetición. Sáltese a la pista anterior o siguiente. El grifo - / + o gira la Corona Digital para ajustar el volumen.

Ver el arte de álbum para la canción existente. Grifo el álbum nombra anteriormente los mandos de repetición. Grifo otra vez para volver a los mandos.

Enviar de audio a otro dispositivo con Cobertura radiofónica. Cuando usted ve los mandos de repetición, fuertemente presiona la demostración, da un toque a la Cobertura radiofónica, luego seleccione un destino.

Revolver o repetir canciones

Cuando usted ve los mandos de repetición, fuertemente presiona la demostración, luego da un toque Andan arrastrando los pies o Repiten.

El control de repetición con el vistazo

Sólo use el Ahora vistazo que Juega para el control rápido. Aseste un golpe en la cara de reloj, luego aseste un golpe a los mandos de repetición. Pero si usted no ve el Ahora vistazo que Juega, abre el Reloj de Manzana app en su iPhone, da un toque a Mi Reloj, luego enciende la Música> Espectáculo en Vistazos.

Como tocar música en reloj de Manzana

Usted puede almacenar su música en la Manzana Reloj elegante y luego escucharle vía audífonos Bluetooth o altavoces sin su iPhone cerca.

Almacene una canción en el Reloj de Manzana.

Sólo abra el Reloj de Manzana app en su iPhone, dé un toque a Mi Reloj, vaya a la Música> Synced Playlist, luego seleccione el playlist de canciones le gusta mover a la Manzana el Reloj elegante.

Entonces, ponga la Manzana smartwatch sobre su cargador a entero la sincronización.

Mientras la música ha sido synced, abierto los Ajustes app en el Reloj de Manzana, vaya a General> sobre, y mirada debajo de Canciones para ver el número de canciones copiadas.

Usted también puede usar la Música app en el iPhone para hacer un playlist expresamente para la música a la que usted quiere escuchar en la Manzana Reloj elegante.

Como emparejar audífonos Bluetooth o altavoces

Usted debería seguir la guía de instrucción que vino con los audífonos o altavoces para ponerlos en el modo de descubrimiento.

Cuando el dispositivo Bluetooth está listo, abierto los Ajustes app en la Manzana el Reloj elegante, grifo Bluetooth, luego da un toque al dispositivo cuando esto muestra.

Jugar canciones almacenó en la Manzana el Reloj elegante.
Sólo abra la Música en el Reloj de Manzana, fuertemente presione la demostración, dé un toque a la Fuente, luego seleccione el Reloj.

Controlar repetición

Aseste un golpe al Ahora vistazo que Juega para el control rápido. Aseste un golpe en la cara de reloj, luego aseste un golpe a los mandos de repetición. Usted puede controlar la repetición usando la Música app.

Como limitar las canciones almacenadas
Sólo abra el Reloj de Manzana app en su iPhone, dé un toque a Mi Reloj, vaya a la Música> Límite de Playlist, luego seleccione un límite de almacenamiento o el número máximo de canciones para ser almacenadas en la Manzana Reloj elegante.

Ver como la música es almacenada en la Manzana smartwatch.

Sólo en la Manzana Reloj elegante, abra los Ajustes app, vaya a General> sobre, y mirada bajo Canciones.

La utilización de una Manzana Reloj elegante como Mando a Distancia

Como controlar la música en su ordenador personal

Yel ou puede usar la Aplicación Remota en la Manzana smartwatch para tocar la música en iTunes en su computadora en la misma red de Wi-Fi.

Añada una biblioteca iTunes.

Sólo abra App remoto en la Manzana Reloj elegante, luego dé un toque Añaden el Dispositivo +. En iTunes en su ordenador personal, hacen clic el botón Remoto cerca de la cumbre de la ventana iTunes, y luego entran en el código de 4 dígitos mostrado en la Manzana Reloj elegante.

No mire fijamente para el botón Remoto en iTunes antes de que usted dé un toque Añaden el Dispositivo en el Reloj de Manzana - el botón muestra sólo cuando un remoto trata de unirse. En iTunes doce y más tarde, el botón Remoto está en el superior dejado, bajo el resbalador de Volumen. Pero en iTunes 11 y antes, el botón Remoto está en el derecho superior, debajo del campo de Búsqueda.

Seleccione una biblioteca para jugar. Si usted tiene una biblioteca, usted debería estar bien para ir. Pero si usted añade más de una biblioteca, da un toque al que le gusta cuando usted se abre Remoto en la Manzana Reloj elegante.

Si usted toca ya la música, da un toque al botón trasero en el superior dejado de los mandos de repetición, y luego da un toque a la biblioteca.

Controlar repetición. Sólo use los mandos de repetición en App remoto.

El modo de quitar una biblioteca

En su App remoto en el Reloj de Manzana, dé un toque al botón trasero en el superior dejado para ver sus dispositivos, fuertemente presionar la demostración, luego dé un toque Corrigen. Cuando el zangoloteo de símbolo de dispositivo, dé un toque a x en el que que le gusta quitar, dar un toque luego Quitan. Si fuera su único dispositivo remoto, usted es terminado. O sea, dé un toque al checkmark para terminar de corregir.

Como controlar TV de Manzana con Manzana Reloj Elegante

Usted también puede usar la Manzana Reloj elegante como un mando a distancia para su TV de Manzana cuando usted está relacionado con la misma red de Wi-Fi.

El Apareamiento de Manzana smartwatch con su TV de Manzana

Si el iPhone nunca se ha afiliado a la red de Wi-Fi que la TV de Manzana es conectada, juntura ello ahora. Entonces, abra App remoto en el Reloj de Manzana y grifo Añaden el Dispositivo +. Por su TV de Manzana, vaya a Ajustes> General> Nuevas motas, seleccione su reloj de Manzana, y luego entre en el passcode mostrado en la Manzana Reloj elegante.

Cuando el apareamiento con éxito, un icono parece al lado de la Manzana el Reloj Elegante, está listo controlar su TV de Manzana.

Como controlar TV de Manzana

Usted debe asegurarse que su TV de Manzana está despierta. Abra App remoto en la Manzana Reloj elegante, seleccione la TV de Manzana, y luego aseste un golpe, abajo, dejado, o el derecho de moverse por opciones de menú de TV de Manzana.

Grifo para seleccionar el artículo seleccionado. Dé un toque al botón de Menú para volver, o tocarlo y sostenerlo de modo que volver al menú superior. Dé un toque al botón de Juego/Pausa para hacer una pausa o continuar a la repetición. Grifo para volver o tocar y sostener para volver al menú principal.

Controle otro dispositivo.

Aseste un golpe para moverse por opciones de menú de TV de Manzana;

Grifo para seleccionar.

Juego o selección de pausa.

A No emparejado y quitan la TV de Manzana.

Sólo por su TV de Manzana, vaya a Ajustes> General> Nuevas motas, luego elija su Manzana Reloj elegante bajo Nuevas motas iOS para quitarlo. Entonces, abra App remoto en la Manzana Reloj elegante y, cuando 'el eslabón perdido' mensaje aparece, grifo Quitan.

Cosas usted tiene que saber sobre un nuevo Reloj de Manzana.

Tél el Reloj de Manzana ha sido liberado recientemente, esto viene con muchas cosas que usted no sabía. Entonces vamos a decirle sobre las puntas que usted no sabía sobre la Serie de Reloj de Manzana 5. El diseño reciente del Reloj de Manzana era mejor que los modelos anteriores. En primer lugar, que hacer cuando usted consigue un nuevo Reloj de Manzana, la primera cosa usted tiene que hacer es la capacidad de hacer el uso de gran nuevo inforgraph de su Reloj, que le tomará a la cara de Reloj de Manzana entera. Por supuesto, este es mayor que la generación anterior de Reloj de Manzana.

Aquí hay muchas funciones diferentes, de la película sonora walkie, tiempo y más muchos. Sin embargo, usted podría enrollar abajo a alguien usted quiere, en los límites del que que más centro para usted.

Del temporizador, una actividad, usted también puede cambiar éstos alrededor del movimiento de su Posición a donde le gusta en el Reloj. Cuando esto es hecho, la siguiente cosa de hacer es centrar áreas de su Reloj. Usted puede elegir un ajuste diferente como la corona digital, tiempo, la tierra, y hasta medición de su precio de corazón así como ajuste de las configuraciones interiores como el tiempo. Aquí usted puede elegir hasta un modelo de cara de reloj diferente y diferente como la aplicación de estela.

En el inforgraph, usted puede poner caras de reloj diferentes. Este nuevo inforgraph es único acerca de la serie de Reloj de Manzana.

La siguiente cosa de hacer es puesta el inforgraph usted quiere marcarlo. Con este, usted puede abrir su libro de Mac, pero sólo cuando usted entra al sistema en su Reloj. Queremos hacer el ajuste básico, vaya a la seguridad, y permita que su Reloj de Manzana haga su Mac que es simple y puede ser fácilmente emparejado con su Mac, Mac-pro, o cualquier tipo de Mac tiene que usar realmente su Reloj de Manzana.

La siguiente cosa que usted puede querer hacer fue poner el esquileo de Actividad. Abra la actividad en su teléfono, luego vaya al compartiendo el botón, usted puede ver que usted puede invitar a sus amigos. De su Reloj App en su teléfono, usted puede aumentar el resplandor de su Reloj. Además, usted puede cambiar también las texturas para aumentar el tamaño del texto donde es un poquito más fácil leer mensajes, pero usted puede hacerlo un poquito más pequeño.

Los siguientes rasgos que usted va a establecer cuando usted consigue un nuevo Reloj de Manzana son los rasgos más serios. Espero que usted no lo use. De todos modos, es mejor establecerse porque es muy importante tenerlo en su Reloj de Manzana. Entonces esto es un sistema de respuesta de emergencia de su Reloj. De su teléfono, abra el Reloj de Manzana App para un teléfono. Esto permite que usted llame el número de emergencia en el cual usted va a incluir el número en el App. Tan si usted lo establece, esto podría alcanzar aquel número en caso de una urgencia que el número podría conseguir una notificación que usted tiene que ayudar.

Otra cosa que es muy importante establece un descubrimiento de caída. Este App preguntará si el Reloj se haya caído o no dentro de su alcance de mano; esto le preguntará automáticamente de modo que usted tenga la capacidad de asegurarse que usted Mira es seguro.

Otro sistema importante debió ponerse - su precio de corazón de modo que si usted está en una prueba, parezca activo, usted puede poner el rasgo de haptic de modo que enviar la información a su contacto en caso de emergencia cuando necesario.

Otro app bueno usa el eBay app que usted debería descargar en su teléfono abierto ello en el navegador de safari, y esto es maravilloso app que estoy seguro cuando usted lo descarga, usted disfrutará de ello. Abra la nueva página y escriba un bitly getbetes sobresueldo

Que usted puede conseguir el sobresueldo trasero del 10 % de eBay cashback. Escriba su correo electrónico y descargue el eBay app. Esto App contiene una garantía en efectivo del 10 %. Esto tiene al personaje muy importante el 30 % y todos los cupones que disponible para la compra, y usted también puede descargarlo en su computadora. Cuando usted comprueba cualquier mercado en línea, usted verá el código de cupón, como Walmart, JXV, hacha de doctor, y eBay. Usted puede hacer clic en la tienda ahora. Pero la señal usted Amazonas no tiene esto el 10 % cashback garantía. Usted puede hacer todos allí exactamente eBay chasquido la tienda ahora. Muy recomendé por usar este App porque por lo general lo uso para comprar en línea y conseguir un descuento del 10 %.

Otra cosa que usted hará cuando usted consigue una nueva serie de Reloj de Manzana 4. En su teléfono puede explorar la galería entera de su Reloj, usted puede ver inforgraph y seleccionar cualquier cara de Reloj que le gusta. Usted también puede ver todas las aplicaciones para su Reloj de Manzana, y usted puede conseguir muchas aplicaciones para su Reloj de Manzana para mejores interpretaciones.

Si usted quiere ponerse y optimizar su Reloj van al ajuste en su Reloj el ajuste abierto, usted puede ponerlo hasta 15,30, y 70 minutos aquí, usted puede ponerse cuanto usted quiere que su Reloj se quede en la reserva.

Como usar Reloj de Manzana

El Reloj de Manzana puede no haberse hecho quizás tan muy importante como su smartphone. Ya que la Manzana primero tomó el velo de secreto de su smartwatch en 2015. El Reloj de Manzana ha logrado inmóvilmente llenar una necesidad de muchos usuarios, y además de la conectividad celular en la última serie hace este aparato aún más valioso. ¿La llave a fabricación de la Serie de Reloj de Manzana 4 una parte esencial de su vida? Entonces es muy importante saber conseguir la mayor parte de ello. Tenemos una guía a fondo al Reloj de la Manzana, pero vamos a comenzar con algunas puntas rápidas y bromas que presentan el Reloj de Manzana aún más fácil para usar.

La conmutación entre Manzana Apps

Si usted quiere cambiar entre su Apps, volver a su apps el más recientemente usado, doble grifo la Corona Digital.

La conmutación de intermediario su Cara de Reloj

Usted podría tener que establecer caras de reloj múltiples para objetivos diferentes - un con una cara mínima para aquellos tiempos cuando no le gustan un borde desordenado, otro con más demostración de diversión. Para cambiar de acá para allá, usted puede asestar un golpe a la izquierda y directamente de la cara de reloj.

El nuevo arreglo de sus aplicaciones en el Muelle

El Reloj de Manzana podría revisar el Muelle, que le da el acceso simple a su apps el más con frecuencia usado. Sin embargo, y si usted quiera cambiar la orden en la cual aquellos apps aparecen como a aproximadamente ello.

Sólo Abra la aplicación de Reloj en su iPhone y seleccione el Muelle.

Seleccione si usted quiere su Muelle pedido por apps recientemente usado o favoritos. El Grifo Corrige para elegir su apps favorito en su Reloj. Usted puede ascender a Diez apps a su Muelle, que está disponible presionando el botón de lado en su dispositivo de reloj.

Silenciar una Llamada Entrante

Cuando una llamada entra, cuando usted está en medio de una reunión, cubre su Reloj de Manzana de su mano a silencioso ello.

Como Tomar un Screenshot

Siempre que le guste tomar un screenshot con su Reloj de Manzana, principalmente, asegúrese que el rasgo es permitido en el Reloj app en su iPhone. Entonces Dé un toque al General de la pantalla principal del app de Reloj, enrolle abajo, y el grifo Permite Screenshots.

Cuando este rasgo permitió, tomar un screenshot, usted debería presionar la Corona Digital y el Botón de Lado al mismo tiempo (O bien, sostener la Corona Digital y luego presionar el Botón de Lado).

Los Screenshots son almacenados en el Panecito de Cámara en su iPhone.

Enviar a un Amigo Su Posición

Es muy fácil avisar a sus amigos donde usted es, usando los Mensajes app en su Reloj de Manzana. Abra una conversación en los Mensajes. El Toque de Vigor la pantalla y grifo Envía la Posición.

La lectura y responder a mensajes

Para leer un nuevo mensaje en su Reloj, levante su muñeca después de leer una notificación de mensaje. Pero, para despedir el mensaje, baje su brazo.

El envío de un mensaje de texto

Si usted quiere enviar un nuevo texto, abrir los Mensajes del Reloj de Manzana app. Su icono, un signo es idéntico al que en su iPhone. El Toque de Fuerza, la pantalla, luego da un toque al Nuevo Mensaje.

Como suprimir correo electrónico

Algunas puntas en como deshacerse de un correo electrónico directamente de su área de reloj.

En su Reloj de Manzana, ábrase el Correo los app Asestan un golpe dejado en cualquier correo electrónico. O bien, dé un toque a la basura para suprimir el mensaje.

Como limpiar Sus Notificaciones

¿Muchas Notificaciones que se amontonan? Aquí está como despedirlos.

De su cara de reloj, aseste un golpe abajo de la cumbre de la pantalla para mostrar su notificación. La fuerza toca la demostración, luego dar un toque Claro todos.

Como poner foco y exposición en la cámara App

La cámara en su Reloj de Manzana permite que usted use el Reloj como un remoto para su cámara iPhone. Lance el App, y dé un toque a cualquier lugar en la imagen de vista anticipada en su Reloj para poner el foco y la exposición.

Con una prueba en el progreso, abra la Prueba app. Aseste un golpe directamente en la demostración. Final de Grifo o Pausa.

La Supresión de Apps de Su Reloj

Si usted quiere suprimir Apps del Reloj, Suprimiendo un app de sus trabajos de Reloj de Manzana de un modo similar que esto hace en un iPhone. De la cara de su Reloj de Manzana o cualquier app, presione la Corona Digital para ir a la pantalla de casa del Reloj.

Dé un toque y sostenga cualquier icono app. Dé un toque a pequeño X que parece en cualquier tercero app el icono para quitar el app de su Reloj de Manzana. Entonces el Grifo Suprime App para confirmar.

Cambio de fuentes de Audio

Las bromas para controlar el dispositivo, su teléfono, o su Reloj. De que usted toca la música. En la Música app, Toque de Fuerza la demostración y luego da un toque a la Fuente.

Elija el iPhone para tocar la música en el teléfono. Seleccione el Reloj de Manzana para tocar la música de su Reloj en un altavoz Bluetooth y audífono.

Abra el Calendario app, y luego seleccione un día, y luego Fuerce el Toque la demostración.

Seleccione para ver una lista de acontecimientos próximos o Al lado de ver los naipes de acontecimientos próximos. Grifo Hoy para saltarse hasta el día corriente en la una o la otra vista.

El Ratón Mickey/Minnie del Control Dice el Tiempo

El Reloj de Manzana tiene dos versiones de caras diferentes que presentan a Mickey o a Minnie Mouse. También, ellos pueden llevar a cabo una pequeña broma.

Como cambiar al Ratón Mickey/Minnie miran la cara

Dé un toque a la pantalla, y cualquier carácter que usted ha seleccionado anunciará el tiempo corriente. (Usted también puede incapacitar este bajo Sonidos y Haptics en los Ajustes del Reloj de Manzana app o en el Reloj app en su iPhone.)

Como Activar Siri

Activar Siri, tirón Siri para órdenes de voz, Prensa y sostener la Corona Digital en el Reloj. Por otra parte, levante su muñeca y diga, 'Oye Siri.'

Como Encontrar Su Teléfono

Su teléfono está constantemente un grifo rápido lejos cuando usted lleva puesto un Reloj de Manzana.

En la cara de reloj, aseste un golpe en la demostración para criar el Centro de Control. Entonces dé un toque al icono de Teléfono de Hallazgo en el derecho. Hará Su iPhone jugar un sonido.

Como a no emparejado Su Reloj de Manzana

Si usted quiere mejorar su iPhone, usted se asegurará que usted lo no empareja con su Reloj de Manzana. Abra el Reloj de Manzana app en su iPhone y elija su Reloj de Manzana del menú principal.

En el Reloj de Manzana después protegen, dan un toque 'el' abrocho al lado de su Reloj.

Dé un toque al Reloj de Manzana de No par. (Recuerde que este sostendrá todos los ajustes de su Manzana Reloj elegante en su iPhone y luego borrará su Reloj de Manzana.)

La primera SOS de Emergencia fue añadida en el Reloj del 2016 tres actualizaciones. Sin embargo, este también puede trabajar en la serie de Manzana 4.

Si le gusta llamar urgencias, Presionar y sostener el Botón de Lado del Reloj de Manzana; el poder del menú aparecerá, pero seguirá sosteniendo el Botón de Lado hasta las demostraciones de cuenta atrás de SOS. (Por otra parte, en vez de sostener el Botón de Lado, usted puede deslizar el control de SOS de emergencia del poder de menú.)

Hacia el final de la cuenta atrás de Reloj de Manzana, sus urgencias locales serán llamadas. (Sin embargo, si le gusta anular la llamada de emergencia, libere el botón antes del final de la cuenta atrás.

Después de la llamada, sus contactos en caso de emergencia que ya se ponen en la salud app en su iPhone serán automáticamente notificados, y aun si los Servicios de Posición de su Reloj son desconectados, será temporalmente activado.

El CAPÍTULO 19

La Mejor Manzana mira Aplicaciones

T los hese son la lista de algunas aplicaciones seleccionadas para su Reloj de Manzana.

Salud y Buena forma física Apps

Sueño ++

Una cosa importante que el Reloj de Manzana no lleva a cabo aún le ayuda a entender como bien usted duerme. A causa de esto, David Smith, el revelador del Podómetro ++ una salud y buena forma física apps, toma que lugar con su Sueño ++ App, este App usa los sensores incorporados del Reloj de Manzana para rastrear sus horas de dormir y despertar. Para usar a este App, active a App en su Reloj de Manzana cuando usted se e a la cama, otra vez cuando usted despierta por la mañana, y esto le proporcionará una idea de que relajante su sueño nocturno ha sido.

¡Piérdalo!

El Reloj de Manzana es el sólido atractivo en la ayuda de usted a rastrear su actividad diaria, pero cuando esto viene a la buena forma física, el otro final del espectro rastrea su consumo de alimento. ¡Esto es dónde Lo pierden! Las manzanas entran. Este App puede darle una mirada de perspicacia a su presupuesto de caloría corriente para el día entero, su número de pasos, su consumo de nutrientes, y esto puede saber hasta como usted hace para la semana. Para su salud buena, usted no puede registrar sus calorías para sus comidas por la Fuerza que sigue adelante la pantalla principal - ninguna necesidad de sacar su teléfono.

Podómetro

El podómetro es una de la buena forma física App. La buena forma física ha surgido como un comandante que vende el punto por el Reloj de Manzana. Y tan soportante como los tres anillos en la Actividad del Reloj el app podría ser, de vez en cuando usted quiere datos difíciles. El podómetro ++ usa el acelerómetro y sensores tanto en su teléfono como en su Reloj de Manzana para rastrear cuantos pasos usted toma cada día. App le recompensa cuando usted golpea su objetivo con una ducha del confeti virtual. Esto también tiene una barrera de cara de reloj incorporada, entonces su cuenta de paso y la distancia usted ha andado no están nunca más que un vistazo lejos.

Nike + Club Dirigido

Si usted no hace que uno de aquellos se imagine el Reloj de Manzana Nike + modelos, usted todavía puede conseguir la ventaja de la prueba de la compañía app por el Nike + Club Dirigido app. Esto permite que usted ponga objetivos para distancia de prueba, duración, o velocidad, más apoyar la voz sobre señales; App puede autohacer una pausa cuando usted deja de correr y correr en ruedas de ardilla. Esto también tiene bultos de un aspecto motivacional; enfóquele el tiempo para el día y permiso de usted de programar una carrera próxima, y la demostración de playlist corriente de su música.

Noticias

Nublado

A veces usted no puede parecer para escuchar a podcasts en su Reloj de Manzana, pero App Nublado le da controlan la repetición podcast de su teléfono, con mandos para jugar y hacer una pausa o brincar atrás o expedir 30 segundos. Usted puede los efectos del Sobremolde de botón de madera, como Aumento de Voz, Velocidad Elegante, y ajustar la velocidad de repetición. Este App, también espectáculos usted qué pasa después en su cola de repetición, así como permiso de usted de generar nuevo playlists en marcha.

Apps meteorológico

Tiempo de Zanahoria

El Reloj de Manzana tiene un Tiempo incorporado app, que está bien cuando las cosas van, pero si le gusta cavar en algo un poco más completo (y un poco más detallado), el Tiempo de Zanahoria puede ser sólo lo que el meteorólogo pidió. Este App le dará las condiciones corrientes, una mirada lo que el día sostiene, y hasta una pequeña broma para guardar cosas interesantes. Usted puede también el botón de madera a posiciones múltiples, y hay una complicación de cara de reloj, que incluye tanto condiciones corrientes como la temperatura.

Servicios públicos

Anthy

¿Son usted entre la gente consciente de seguridad? Si sí, este App es correcto para usted. Usted probablemente tiene muchos sitios Web aquella autenticación de dos factor de uso. Este que gran app para siempre y la pista de mantenimiento de todos aquellos códigos de dos factores, y el Reloj de Manzana app le deja reclamarlos directamente de su muñeca en vez de necesidad excavar por su teléfono para encontrarlos. Esto también ha venido con un pequeño intervalo de espera la barra que le muestra cuanto usted tiene antes de que el código refresque otra vez.

Sólo Registro de Prensa

Otro maravilloso app, con otra entrada en la categoría de 'las notas rápidas, es el autodescrito Sólo Presionan el Registro con el Software de Planeta Abierto. La fuerza principal de este App está en el piso de laquiler de usted registrar notas de audio rápidas. Pero el App puede no ser bastante para sus necesidades de podcast, pero usted también puede registrar, repetición, y salvar aquellas notas de audio, que son synced vía el Paseo de nube a su iPhone. Esto puede añadir también transcripciones a notas cortas.

PCalc

¿Si usted no quiere un reloj de calculadora en un punto? Pcalc de los Sistemas de TLA está en por lo visto cada plataforma de Manzana, entonces una edición de reloj de Manzana es un adecuado natural. Esta calculadora admirada no sólo ofrece operaciones de matemáticas básicas, sino también incluye una calculadora de punta incorporada y el divisor de cuenta, entrada que utiliza dictado o Garabatos, y esto viene con conversión práctica y funciones constantes matemáticas.

Apps de navegación

Citymapper

Si usted quiere ponerse alrededor de la ciudad, entonces Citymapper es un Reloj de Manzana app para usted. Esto maneja muchas todas las formas del transporte público dentro de la ciudad, así como opciones que dan para biking, andar, y conducción. Hay acceso rápido a destinos salvados, así como esto es una capacidad de criar paradas de tránsito cercanas y punto cuando el siguiente autobús o el tren llegan.

Viajes

Gañido

¿Cuándo a gusta usted encontrar un gran restaurante cercano, la cafetería, o la barra? El Gañido app aquí está la respuesta que le ayudará y hacerlo rápido. Usted puede escanear por los listados de negocios cercanos, y rápidamente echar un vistazo a posiciones y revisiones, y tirar direcciones a la Posición vía los Mapas del Reloj de Manzana app. Con el Gañido App en su Reloj de Manzana, usted nunca pasará hambre otra vez.

Lyft

¿Necesita usted un paseo? El Lyft app puede ayudarle a hacer lo que pasa. Esto es un ofrecimiento sin problemas y franco que le avisa cuanto esto conseguirá un coche para ponerse a su Posición. Uno de los rasgos agradables que esto ofrece sobre "unos otro compartiendo paseo apps es que esto además le deja entrar en una posición de recogida diferente por el dictado de voz.

Deportes Apps

MLB.com En Murciélago

¿Cuándo usted necesita el mejor número tanteos de béisbol al día sin parecer posiblemente usted comprueba tanteos? MLB. Com En el Murciélago app puede asistir poniéndolos directamente sobre su muñeca. Usted sabe comprobar el marcador corriente o descremado vía una lista de equipos para ver como sus favoritos hacen en el juego de béisbol.

Música Apps

Shazam

El Shazam ofrece sus habilidades de reconocimiento de música excelentes a su Reloj de Manzana muy bien. Es ya no que usted tiene que sacar su teléfono bastante rápido para jugar 'nombre lo que templa' lanzamiento el Shazam app en su Reloj de Manzana, da un toque al botón, y escucharé al juego de whatever's, y esto hasta le muestra un partido y el poema lírico probablemente.

Productividad Apps

2 fantásticos

Este está entre la mejor productividad apps para calendaring, y no hay muchos apps que serán alineados con Fantástico. El regalo incorporado de la manzana, Fantástico, ofrece una lista desplazable de citas inminentes para la semana, las vistas detalladas de los acontecimientos, y hasta su a - hace artículos. Usted también puede crear un nuevo acontecimiento usando el dictado y conseguir un vistazo en sus acontecimientos próximos con su complicación de cara de reloj de Manzana.

Esbozos

¿Si le gusta dar la impresión de ser capturado con ideas cuándo usted es en marcha? Sólo mire no para los Esbozos de la Tortuga Ágil. Esto es un Reloj de Manzana app que es ideal para aquellas notas rápidas que tropiezan con su cabeza. Cuando usted lanza el app, luego da un toque al icono de micrófono para registrar una nota rápida, que será transcrita en el texto y archivada en su buzón de entrada. Pero Si le gusta, usted puede hacer el uso de las opciones de Captura Avanzadas para insertar un emoticon o mirar el rasgo de Garabatos del OS para entrar en su carta de texto por la carta. También, usted puede añadir hasta, prepend, basura, o notas de archivo individuales en su buzón de entrada.

Referencia Apps

Traductor de Microsoft

Todavía podemos ser unos caminos lejanos del traductor general del Viaje dificultoso de Estrella, pero apps como el Traductor de Microsoft todavía puede ayudar mucho. Con la versión de Reloj de Manzana de este App, usted puede usar el dictado para decir una frase y luego hacerlo traducir en una de varias lenguas. Usted será capaz de ver una versión de texto de la traducción y de todos modos, en algunos casos, oírlo dicho en voz alta. Además, usted puede salvar trocitos con frecuencia usados de la futura referencia.

Finanza Apps

Efectivo Cuadrado

Este otro gran App para la finanza si usted lo consigue en su reloj de Manzana. Es medios que usted no tiene que alcanzar para su cartera o su teléfono próxima vez que usted tiene que enviar a un amigo un poco de dinero. En su lugar, usted puede hacer todo esto del reloj de Manzana con el Efectivo Cuadrado app. Sólo grifo en un contacto de la lista. Cualquiera que le gustaría, alguien usted ha enviado recientemente el dinero a o alguien en su lista de contacto. Sólo seleccione la cantidad de dar un toque a los iconos de cuenta. Usted puede dar un toque más que una vez, tan si usted quiere enviar 12 dólares, dar un toque a 10 dólares, seguidos en 1 dólar dos veces. ¡Entonces envíe el dinero, y usted es el efectivo cuadrado ello! ¡Este es grande!.

La manzana mira los mejores juegos.

Alos juegos de Reloj de pple proveen los rápidos cruciales fijan, permitiéndole solucionar rompecabezas. Y corte lejos en enemigos durante unos minutos exclusivos de pasar por el problema de sacar su teléfono. Los favoritos como la Grieta de Trivialidades hacen un adecuado perfecto para la demostración del Reloj de Manzana, mientras las aventuras a base de texto como SpyCatcher controlan la computadora llevable para hacerle parecer usted es un carácter en una película de ciencia ficción.

Pokémon Van

Cuando usted enormemente, positivamente, debe agarrar a todos ellos, ateniéndose a su iPhone no bastará. Por suerte, Pokémon Van proporciona un Reloj de Manzana app que le deja realizar ciertas responsabilidades, como huevos que incuban que usted ha coleccionado por la actividad física. Más usted anda o se entrena, más cerca aquellos huevos se ponen a la incubación. Usted puede visitar también Pokéstops, ganar algún caramelo, y ser alertar a Pokémon cercano, sin la necesidad de sacar su teléfono.

Komrad

El Komrad es un juego de aventura de texto forma de Maniobras de Guerra de Parte, drama de Guerra Fría de parte, donde usted es reclutado para asistir y recuperar códigos secretos de un programa AI soviético anticuado. Usted charlará con el AI, seleccionando sus respuestas conversacionales, que dictarán el curso del juego. También, por si acaso usted es curioso sobre la plausibilidad, el antiguo Oficial de Diseño del proyecto de Watson de la IBM creó el juego.

Bandido de Bolsillo

¿Ha soñado alguna vez usted con cometer un atraco de joya de apuestas alto? El Bandido de Bolsillo realiza esto, ofreciendo a un juego en el cual usted se rompe en cajas fuertes para el dulce, botín dulce. ¿Agarrar? Aquí usted debe rajar las cerraduras de combinación girando la Corona Digital de Reloj de su Manzana, y luego averiguar el número por la reacción haptic. Antes el pilla el espectáculo hasta se le llevan. Cada caja fuerte usted raja redes un tesoro diferente, y el juego sigue añadiendo más cuando el tiempo continúa. Es inteligente, si no predominantemente difícil, y, como un más, no requiere ninguna verdadera rotura de la ley.

Ejércitos Diminutos

Una pequeña estrategia rápida Ejércitos animosos, Diminutos le pone a cargo un número en ello - ejércitos diminutos simbolizados por cuadrados azules con puntos, tratando de capturar ejércitos rivales simbolizados por cuadrados rojos con xs. Para hacer este, usted asesta un golpe en ejércitos azules para dirigirlos, pero debe tener cuidado que ellos moverán en una línea recta a menos que ellos golpeen un obstáculo, como una montaña impenetrable, ahogando lagos, o bosques confusos. Las disposiciones de bordo adquieren más difícil como usted va, pero esto es un juego bueno que usted puede recoger y jugar cuando usted tiene el tiempo para esto.

Día de Campaña

El Día de Campaña es un juego bueno que no toma un pulgar verde para ser acertado. Con este juego, que le ve plantar algunas cosechas y entregar órdenes, esto requiere el Reloj de Manzana. Como usted continúa, usted contratará más trabajos y aumentará su granja no sólo para tomar en cosechas, pero animales también. Es fascinante y mono, y un juego bueno que cede el paso para rasguñar aquel picazón para vivir su vida como un agricultor típico.

¡Reglas!

¡La demostración de cara de Reloj de Manzana proporciona bastantes bienes inmuebles para un juego de rompecabezas de primera clase, y Reglas! es uno del mejor juego de bromistas cerebral en la plataforma. Las ventajas animosas limpiamente, proporcionando cuatro azulejos numerados y una regla básica, como 'palmean la orden inclinada. ¡' Sin embargo, ya que una nueva regla es añadida con cada vuelta, usted se encontrará rápidamente atormentando su vaso pequeño, tratando de seguir a todos ellos si usted quiere despertar su cerebro en el camino al trabajo, jugando Reglas! Esto es un camino tan bueno como alguno.

Cuerda de salvamento

Al mismo tiempo cuando un rompecabezas y los crucigramas trabajan la penalidad en el Reloj de Manzana. La cuerda de salvamento es el modelo principal de una experiencia de juego única de la que esto es el mejor disfrutar en su reloj de Manzana. Formar de una aventura a base de texto en la cual usted ayuda a un astronauta varado llamó a Taylor; la Cuerda de salvamento le pone en total el control de la historia permitiéndole decidirse como usted responde a su nuevo amigo hasta el final de su viaje extremo. La cuerda de salvamento es playable en el iPhone e iPad, pero el juego de ello en su Reloj lo hace realmente parecer usted cambia mensajes con un astronauta por vía de un transmisor futurista. Si usted no termina, en la orden corta, ningunas preocupaciones: usted puede comprobar actualmente muchas secuelas, incluso la Cuerda de salvamento 2, Cuerda de salvamento: Whiteout, Cuerda de salvamento, y más.

Runeblade

La idea de jugar a un juego de imitación en un reloj de pulsera diminuto puede parecer absurda, pero Runeblade lo lleva a cabo. Este cobista de calabozo lo guarda básico, permitiéndole cortar lejos en una corriente segura de criaturas místicas por sólo dando un toque a su icono de espada cada pocos segundos. Sin embargo, con rico, gráfica de historieta; un sistema de mejora perspicaz, y una corriente segura de nuevos jefes y ambientes para abordar, esta RPG en miniatura atrae sorprendentemente.

Grieta de Trivialidades

Las trivialidades a base de categoría interruegan han girado tesoros escondidos de iOS gamers en adicto de trivialidades. El homólogo de Reloj de Manzana del juego hace aún más fácil para conseguir su fijar. La Grieta de Trivialidades es una rueda de categoría de hilado vistosa, fuente monamente animada, y preguntas de diversión. Que mencionan todos de la historia para hacer reventar la cultura, Traducir elegantemente a la pequeña pantalla del Reloj de Manzana. Usted todavía puede comenzar un nuevo juego directamente de su muñeca.

Carta Va corriendo

La Carta Va corriendo es uno del mejor juego que empareja carta que sacrifica poco en su conversión al Reloj de Manzana. Es tan casto como los crucigramas se ponen; usted es una tarea con desatar como numerosas palabras como probablemente en 30 segundos, sin el poder-ups especial o unlockables para entrar en el camino. La Carta la fórmula de estallido corto de Zap lo hace un ideal para el Reloj de la Manzana, y la caza para un resultado alto le guardará jugando durante algún tiempo. Hay un reloj de manzana rápido sólo modo de desafío donde usted podría tener que formar palabras sosteniendo su latido del corazón en el control.

Las Cosas Coolest que Reloj de Manzana 5 Puede Hacer

Tél el Reloj de Manzana es un dispositivo extraordinariamente capaz, pero ello todavía no le toma mucho tiempo para dominar los fundamentos de lo que esto puede hacer. Pero, una vez que usted tiene aquellos fundamentos abajo, esto es el tiempo para cambiar marchas e intentar su mano en algunos rasgos elegantes pero menos obvios que usted puede aprovechar. Este capítulo le expondrá a algunas la mayor parte de puntas refrescantes y bromas que su Reloj de Manzana podría hacer.

Vaya para una nadada con su reloj de Manzana

Un Reloj de Manzana fue hecho con la capacidad de resistencia de echar agua si usted tiene una inclinación natural de no conseguir su electrónica mojada. Mientras la primera versión vía la serie 4 era hidrófuga. La manzana añadió la capacidad de sumergir la profundidad de hasta 50 metros de reloj con el a su línea smartwatch. Y aquel rasgo permanece una parte de la Serie 3 y 4model, haciéndolos perfeccionar para pruebas en el fondo local. Pero, siempre acuérdese de usar el rasgo de Cerradura de Echar agua para deshacerse de cualquier echar agua suplementario del altavoz que abre después de su prueba. La Cerradura de Echar agua da patadas en automáticamente cuando usted comienza una prueba nadadora, y usted puede abrir la pantalla y limpiar el echar agua. Cuando usted ha hecho girando la corona digital. Usted debe guardarlo en mente que si usted toma una nadada en el océano, usted debería aclarar quizás del de mar con el agua dulce después.

Controle su TV de Manzana y teatro de casa.

¿Sabía usted que usted puede controlar una TV de Manzana con su Reloj de Manzana? ¿O usted resbalón todavía remoto entre los cojines de canapé otra vez? No haga caso de esto aún. Su Reloj de Manzana puede controlar muchos dispositivos de casa mientras todavía se marcha en su muñeca. Por ejemplo, si usted tiene una TV de Manzana, usted puede usar app remoto del Reloj de Manzana para golpear aproximadamente menús de la caja superior de juego, principio y repetición de pausa, y más. Usted debe conseguir un sistema de Cubo de Armonía de modo que dirigir escrituras del Reloj. Encender y de sus dispositivos de teatro de casa, usando el IFTTT app en su Reloj. A pesar de que esto no le dejará hacer algo además.

Diríjasse a su coche

Si usted tiene un nuevo coche, su Reloj de Manzana puede darle modos de comprobar en el estado de su coche, y también, usted puede relacionarse hasta con ello. Los coches como Mercedes Benz, BMW Porsche, VW, permiten que usted haga muchas cosas con el reloj de Manzana. como el cierre y abrir las puertas de su coche, grazne el cuerno. La comprobación de niveles de batería en vehículos eléctricos, y hasta le asiste en el descubrimiento donde usted aparcó el coche. Pero, Si usted tiene un modelo de coche más viejo o una opción aftermarket de la Víbora, usted debe incluir un app para dejarle cerrar con llave, abrir, y comenzar su coche remotamente.

Compita contra sus amigos en la buena forma física

El Reloj de Manzana puede ser usado para medirse contra sus amigos encendiendo la Actividad que Comparte. En la Actividad app en iOS, vaya al Compartiendo la etiqueta y dé un toque el Más (+) icono en el derecho superior de su Reloj de invitar a un amigo a compartir su información de Actividad con usted. Posteriormente, usted será capaz de comprobar su estado en la Actividad app en su Reloj de Manzana; usted conseguirá notificaciones cuando ellos completan pruebas.

El correr sin su iPhone

Hablando de la resolución, si usted tiene un Reloj de Manzana, usted puede vivir finalmente el sueño y dejar su iPhone cuando usted va para una carrera alrededor de la ciudad. Como ambos modelos del reloj de Manzana tienen GPS incorporado que puede rastrear su prueba sin tener que arrastrar aquel teléfono pesado en su mano o bolsillo. Más, traiga un par de audífonos Bluetooth para el viaje, y usted puede escuchar a la música directamente de su Reloj de Manzana también. Además, la Prueba de la Manzana app, usted es capaz del aprovechamiento de este en la abundancia del tercero apps como Nike + Club Dirigido y runkeeper.

Música de corriente sin su teléfono

Usted requerirá que una Serie de Reloj de Manzana 3,4 o 5 con la conectividad LTE lleve a cabo esta hazaña, pero esto es el que que será un aspecto bienvenido si usted disfruta de un pequeño complemento de música su carrera. Como la Serie que 3 modelo puede unir a redes inalámbricas solo, usted puede derramar canciones sin tener su iPhone cerca a mano. Un ideal para resolución. Y usted no es inmediatamente limitado con la Música de Manzana y sus Diez dólares de mes servicio que corre. La manzana, también, incluye un app llamado la Radio con la Manzana Reloj Elegante para derramar canciones.

Abra su Mac

¿Sabía usted que su reloj de Manzana puede salvarle un poco de dificultad de mecanografía? Si usted hace hacer un Mac dentro de varios años, su Reloj de Manzana puede ser usado para abrir la pantalla sin necesidad entrar en cualquiera de sus contraseñas.

Permita que su Reloj de Manzana abra Mac. Ahora, cuando usted despierta esto Mac del sueño y usted lleva puesto su Reloj de Manzana, esto debería tener cuidado de aquel negocio de contraseña desgraciado para usted.

Mensajes de garabatos

¿Hay sin duda, usted sabe que usted puede formar mensajes y correos electrónicos en su Reloj de Manzana por el dictado, pero también sabía usted que en todas partes usted puede dictar una respuesta, usted también puede escribir el que? Una calidad de Garabatos masajea le dejan dibujar cartas, números, y símbolos en su pantalla y hacerlos transformar automáticamente en el texto. Está extraordinariamente bien, y muy útil cuando usted está en un lugar donde quizás usted no quiere parecer similar a Dick Tracy que se dirige a su Reloj. ¡Cuándo usted quiere entrar en una respuesta, luego dé un toque a la llave de Garabatos y escriba lejos!.

Alimento de orden

Una de las cosas coolest que el Reloj de Manzana puede hacer. ¿Siempre que hágase tan hambriento que hasta el sacamiento de su teléfono parece a un puente demasiado lejos? Providencialmente, usted puede pedir cualquier alimento directamente de su Reloj de Manzana, usando una variedad de apps. El GrubHub le deja pedir de nuevo que los favoritos recientes con sólo una pareja den un toque, o usted puede pedir deliberadamente una pizza de la Ficha de dominó o burritos de Chipotle.

Exposición a líquido

El Reloj de Manzana es hidrófugo, pero no a prueba de agua. Usted puede llevar puesto y usar el Reloj de Manzana durante el ejercicio; la exposición para sudar es aceptable, en la lluvia, y lavando sus manos con el echar agua. Si chapoteos de echar agua en el reloj, bórrelo con un no abrasivo, material sin hilas. Haga todo lo posible minimizar el Reloj de Manzana de exposición a estas sustancias como, Jabón, detergente, ácidos o comida ácida, y cualquier líquido además de agua dulce, como echar agua de mar, jabonoso, echar agua de fondo, perfume, repelente de insectos, lociones, pantalla solar, petróleo, removedor adhesivo, tinte de pelo, o solventes.

Sumergir el Reloj de Manzana en un líquido no es recomendado. El Reloj de Manzana tiene una clasificación de resistencia de echar agua de IPX7 bajo 60529 estándares IEC mientras las cintas de cuero no son hidrófugas en absoluto. Como la resistencia de echar agua no es un permanente, la condición y una Manzana smartwatch no pueden asumir o resellar para la resistencia de echar agua.

Lo siguiente puede afectar la resistencia de echar agua del Reloj de Manzana:

1. Caída de su Reloj de Manzana o sometimiento de ello a otros impactos.

2. Sumergir o hundimiento del reloj en el echar agua durante un período ampliado.

3. Baño o Natación con Reloj de Manzana.

4. Exponiendo Reloj de Manzana a cualquier echar agua presurizado o echar agua de velocidad alta, como regar, esquí de echar agua, Wakeboarding, surf, esquí de avión a reacción, etc.

5. Uso de ello en la sauna o cuarto de vapor.

Como limpiar Reloj de Manzana

Siempre guarde su Reloj de Manzana limpio y seco. Manzana limpia y seca Reloj elegante, la cinta, y su piel después de pruebas o sudación profunda. El Reloj de Manzana Seco se vuelve y la cinta meticulosamente si ellos son expuestos a de agua dulce. El Reloj de Manzana Limpio de ser expuesto a todo que puede causar manchas, u otro daño, como suciedad, arena, maquillaje, tinta, jabón, detergente, solución ácida, o comida ácida. O cuando entra en contacto con líquidos además del echar agua, incluso aquellos que pueden conducir a la irritación de piel como sudor, echar agua de mar, jabonoso, echar agua de fondo, perfume, repelente de insectos, lociones, pantalla solar, petróleo. Los otros son removedor adhesivo, tinte de pelo, o solventes, etc. A pesar del cuidado regular, el Reloj de Manzana y los colores de cinta pueden variar o descolorarse durante un período.

Apage el Reloj de Manzana.
Presione y sostenga el botón de lado de su Reloj, luego arrastre el Corte de Energía resbalador a la derecha.

Entonces deprima los disparadores de cinta y quite la cinta.

Limpie el Reloj de Manzana limpio con un no abrasivo, tela sin hilas. Usted también puede mojar ligeramente la tela con el agua dulce.

Reloj de Manzana Seco con una tela sin hilas, no abrasiva.

Los modelos (de oro) del Reloj de Manzana se benefician el más si usted los limpia con frecuencia. Limpio con un no abrasivo, tela sin hilas para deshacerse de aceite que está en la superficie, perfumes, lociones, y otras sustancias, en particular antes de almacenar el Reloj de Manzana.

Estas cosas no recomendadas en el cuidado de su Manzana Reloj Elegante:

1. No limpiar el Reloj de Manzana al mismo tiempo cuando esto culpa.

2. No secar el Reloj de Manzana, las cintas usando una fuente de calor externa como un secador de pelo.

3. No usar productos de limpieza químicos o aire comprimido limpiando su Reloj de Manzana.

El frente del Reloj de Manzana es hecho por cristal de Ión-X o cristal de zafiro, cada uno con un resistente de huella digital oleophobic, que es sustancias de capa del aceite repelentes. Este material de capa se gasta con el tiempo con el uso regular. La limpieza de productos y sustancias abrasivas disminuirá adelante la capa, y puede rasguñar probablemente el cristal o el cristal de zafiro.

Usando botones, Corona Digital, conectores, y puertos

Usted nunca debería aplicar la presión excesiva a un botón o la Corona Digital en el Reloj de Manzana, o forzar un conector de cobro en su puerto, por la razón que, este puede causar daño lo que no es cubierto conforme a la garantía de compañía. Tome la nota que si el conector y el puerto no se unen con la facilidad razonable, con la mayor probabilidad, ellos no hacen juego. Compruebe cualquier obstrucción y asegúrese que el conector empareja el puerto y que usted ha colocado el conector correctamente con relación al puerto.

Algunos modelos de uso específicos pueden ser un factor en deshilacharse o romper de cables. El cable atado a un componente de cobro, como cualquier otro cable metálico, es sujeto a hacerse frágil o débil de reiterativamente ser doblado en el mismo punto. Este será prevenido por curvas suaves en vez de ángulos en el cable. Con regularidad, inspeccione el cable y el conector para cualquier vuelta, rupturas, curvas, o cualquier daño. Por si usted encuentre cualquier tal pérdida, discontinúe el uso del cable.

Es normal después del uso regular el conector de relámpago al cable de USB puede conseguir la decoloración. La suciedad extrema, los escombros, y la exposición a la humedad pueden causar la decoloración. Si su cable de relámpago o conector se hacen tan calientes durante el uso o si el Reloj de Manzana no cobrará, desconectará el cable del adaptador de poder y limpiará el conector de relámpago con una tela no corrosiva, seca, sin hilas. Usted no debería usar líquidos o agentes de limpieza limpiando el conector de Relámpago.

Cable de cobro magnético y caso de cobro magnético

El cable de cobro magnético del Reloj de Manzana y la decoloración de caso de cobro magnética de la superficie de cobro pueden ocurrir después del uso regular debido a suciedad y escombros que entran en contacto con la tapa magnética. Este es común. La limpieza de la superficie de cobro magnética puede reducir, o impedir, aquella decoloración, y ayudará a evitar el daño a su cargador y Manzana Reloj elegante. Si usted quiere limpiar la superficie de cobro, desconectar el cargador del Reloj de Manzana como de las salidas de adaptador de poder y limpiar con una humedad, tela sin hilas no abrasiva.

Siempre séquelo con un no abrasivo, tela sin hilas antes de cobrar otra vez. esto también no requiere la utilización de unos agentes químicos que limpian limpiando la superficie de cobro.

Grado óptimo de Reloj de manzana temperatura ambiental

El Reloj de Manzana temperatura de operaciones es diseñado para trabajar mejor en temperaturas ambientales entre 0 ° y 35°C y ser almacenado en temperaturas entre-20 ° y 45 ° C. El Reloj de Manzana puede ser estropeado y la duración de la pila redujo de almacenado o ser hecho funcionar fuera de estas variedades de temperaturas ambientales. Evite exponer su Reloj de Manzana a cambios notables de temperatura o humedad. Cuando la temperatura interior de la Manzana el Reloj elegante excede el promedio temperaturas de operaciones (por ejemplo, en chamuscar el tiempo o la luz del sol directa durante el tiempo ampliado), usted puede experimentar probablemente el siguiente como la Manzana las capacidades de operaciones elegantes intentan regular su temperatura:

El cobro puede reducir la marcha o pararse.

1. La demostración de Manzana puede atenuarse.

2. Un icono de pantalla que advierte temperatura puede aparecer.

3. La transferencia de datos particular puede ser hecha una pausa o retrasada.

4. Un poco de Manzana apps puede cerrarse.

Es crucial saber que usted no puede ser capaz de usar el Reloj de Manzana. En contraste, la temperatura que advierte la pantalla es mostrada. Como, si el Reloj de Manzana no puede regular su temperatura ambiental interna, esto por lo general entra en una reserva de poder o un modo de sueño profundo hasta que esto se enfríe. Cuando este problema ocurre, movimiento su Manzana Reloj elegante a una posición más relajada de luz del sol directa o coche caliente y esperar unos minutos antes de tratar de usarlo otra vez.

Es esencial guardar naipes críticos y naipes de crédito lejos del Reloj de Manzana, las cintas, el Reloj de Manzana cable de cobro magnético, y el Reloj de Manzana caso de cobro magnético.

Las Mejores cintas de Reloj de Manzana

¿Quién se preocupa que alguien tiene una cinta de Reloj de Manzana de oro sólida?. Ahora hay varias opciones populares disponibles — hasta unos usted puede personalizar — su estilo vendrá brillando por cuando usted lleva puesto su nuevo smartwatch, usted no tendrá que gastar 15,000 dólares para el metal precioso. Éstos que la variedad de diseños de correa de reloj simple, bien diseñada, y chic de 16.00 dólares a 250 dólares, y desde la Manzana hace fácil para deslizar en y nuevas cintas, usted puede tener para emparejar cualquier equipo.

Manzana Milanese

La marca cinta de Lazo de Milanese de la Manzana personifica la fanfarronada moderna todavía evocando el estilo de italiano del 19o siglo. La malla inoxidable de acero se abriga alrededor de su muñeca a magnetically cerca sin alguno hurgando sobre broches. Como es considerablemente ajustable, esta cinta debería encajar cualquier muñeca a la perfección.

Lazo de cuero de reloj de manzana

Añada unos lujos italianos a su Reloj de Manzana con la cinta de lazo de cuero de 148 dólares de la compañía. El cuero Venezia de la cinta tiene una mirada única, apenada, y esto viene a 4 colores "silenció aún el chic": azul, negro, marrón, y taupe. Esto tiene un cierre magnético para el cerrojo seguro y quitar el Reloj de Manzana, y el cierre es ajustable, entonces usted puede hacerlo como apretado si usted desea o tan suelto como usted quiere.

Reloj de manzana Cinta de Nilón tejida

Este nilón tejido es duradero aún todavía elegante, las cintas de nilón de la Manzana son hechas de más de 500 hilos vistosos tejidos juntos en 4 capas para una sensación parecida a una tela. La cinta viene a Ligero Rosado / Medianoche Color gris Azul, Amarillo/ligero, Naranja Espacial o Antracita, Café Tostado o Caramelo, y Nav Tahoe Azul.

Manzana Hebilla Moderna

Para el verdadero abanico de Manzana, la Medianoche la Hebilla Moderna Azul es una selección muy elegante. El cuero de grano superior parece lujoso, mientras el traje de dos piezas el cierre magnético de la hebilla es excepcionalmente refinado. La correa de cuero entra negro, marrón, o rosado también, pero las ofertas azules profundas una indirecta sutil del estilo culto.

La Manzana de Coche mira la correa de cuero de clavos

Traiga su Reloj de Manzana para mirar hacia atrás abajo a la tierra un poco con este Estilo occidental, correa de cuero suave punteada con clavos laqueados. Además de la versión pelirroja imaginada, la cinta entra negro, con ambas versiones que ofrecen a clavos en aceituna, titanio, y un blanco nacarado. Diseñado únicamente para mujeres, esta cinta de Coche es puesta la talla sólo para el Reloj de Manzana de 38 mm.

Los Casetify personalizan la cinta de reloj de Manzana

El más los do-it-yourselfers saben el valor de hacer asombrosos para ellos. Con la Cinta de Reloj de Manzana Personalizada de Casetify, usted puede hacer sólo esto. Por el sitio, usted puede cargar imágenes, usar emoji, o unirse a su cuenta de Facebook o Instagram para agarrar fotos para colocar en la correa de reloj. Entonces, usted puede añadir uno de 8 filtros de foto, como la sepia, dar los seis cuadros usted elige una mirada similar.

Cinta de Aceituna de Nilón de monoropa con lazos de cromo

Esta Cinta de Aceituna de Nilón de Monoropa con Lazos de Cromo trabaja mejor con las caras de reloj inoxidables de acero o de plata de aluminio. Los círculos impiden a la cinta de sobra agitarse alrededor, mientras el material de nilón rugoso añade un aire de cagueta e independencia a smartwatch popular.

Metal monollevable

Mientras vagamente nostálgico de la Pulsera de Eslabón de Manzana, la Monoropa el Metal Negro es sólo un poco snazzier. Su estructura inoxidable de acero es la andana en un color negro matte. Esta cinta está también disponible en 38 mm o en 42 mm para el Deporte de Reloj, Edición de Reloj, o Reloj bajo. Puede ser personalizado para adaptarse impecablemente con acero inoxidable de la Manzana, aluminio, o caras de reloj espaciales grises.

Minimalista de Etsy y Zen miran la correa.

Este es para aquellos que aman la mirada refinada de cuero y prefieren un diseño simple, la Correa de Reloj de Zen y Minimalista Etsy puede ser sólo la respuesta. Disponible en 38 mm o 42 mm, es hecho del cuero de verduras bronceado que se descolorará probablemente de amarillo a marrón con el tiempo; la aplicación neatsfoot petróleo o petróleo de visón acelerará este cambio. Usted puede seleccionar un de oro - o el broche de clavo de cobre de-plata-Colore.

Como preocuparse Correa de reloj de Manzana

Es aconsejable usar sólo Marcado por manzana o la Manzana autorizó cintas. Limpie las cintas, quite la cinta del Reloj de Manzana antes de la limpieza.

Pero, para la parte de cuero de las cintas, límpielos limpio con un no abrasivo, tela sin hilas, ligeramente mojada con el echar agua. Después de la limpieza, permita el aire de cinta seco a fondo antes de atarlo de nuevo atrás al Reloj de Manzana. Usted no debería almacenar cintas de cuero en la luz del sol directa, en temperaturas muy altas, o en la humedad alta. Además, no empape cintas de cuero en de agua dulce. Las cintas de cuero no son hidrófugas.

Para otras cintas y broches, límpielos limpio con un no abrasivo, tela sin hilas, ligeramente mojada con el echar agua. Seque la cinta a fondo con un no abrasivo, tela sin hilas antes de atarlo de nuevo atrás.

Como quitar, cambiar, y sujetar cintas

En esta parte, usted aprenderá las instrucciones generales para quitar, cambio, y cerrojo de cintas. Todo el tiempo, asegure que usted sustituye una cinta por similar del mismo tamaño. Las cintas son puestas la talla según el tamaño de Manzana Reloj elegante y no deberían ser usadas sólo de modo intercambiable. Algunos estilos de cinta hechos expresamente para una Manzana de tamaño particular Reloj elegante sólo.

Cambiar cintas

Presione el disparador de cinta en su Reloj de Manzana, deslice la cinta a través quitarlo, luego deslice la nueva cinta. Nunca fuerce una nueva cinta en esto es la ranura. Sin embargo, si usted tiene la dificultad quitar o insertando una cinta, luego presiona el disparador de cinta otra vez.

El disparador de cinta

Sujete una cinta. Para una interpretación más excelente, Manzana el Reloj elegante debería caber fuertemente en su muñeca. La espalda del Reloj de Manzana necesita el contacto de piel bueno para rasgos como el descubrimiento de muñeca, haptic notificaciones, y el sensor de precio de corazón. Esto es también otra broma para llevar puesta la Manzana Reloj elegante con el derecho adecuado - no demasiado apretado, no demasiado suelto, y con bastante cuarto para su piel para respirar. Puede guardarle más cómodo y dejar a los sensores hacer su trabajo. A veces le gustaría apretar el Reloj de Manzana para sus pruebas, luego soltaría la cinta cuando usted es hecho. También, los sensores de dispositivo trabajarán sólo cuando usted lleva puesto el Reloj en la cumbre de su muñeca.

Solución de Reloj de manzana

Tél combina de los problemas de reloj de Manzana compilados más familiares de nuestros investigadores y como fijarlos. La serie de reloj de manzana 4 es de smartwatch más accesible en el mercado, pero el reloj no siempre trabaja correctamente cuando debería ser.

El equipo de experto de techguideblog.net

Después de la investigación completa, cavando para averiguar comentarios, y opiniones crecientes en una cuestión de reloj, los problemas técnicos, y la manzana diaria miran la solución. Éstos son seleccionados la mayor parte de los problemas de Reloj de Manzana estándares. Si usted ha estado sufriendo de uno de los problemas de lista, no deje a aquel Reloj de Manzana terminarle — tenemos workarounds y posible fija para usted para intentar. Hemos tratado con casi todos los problemas de reloj de Manzana y prosperamos sus soluciones profesionalmente en este capítulo.

La luz de Problem:1 sangra en la demostración de s4 de reloj de Manzana

Hay varias discusiones en la luz sangran de la Serie de Reloj de Manzana 4 demostración. Cuando usted está en un ambiente oscuro, y el resplandor se atenúa, usted puede observar que un lado de la demostración de Reloj de Manzana es más brillante que el otro y parece amarillo. Este no es un de verdad la luz sangra, porque la pantalla es un OLED, pero mejor dicho parece ser una cuestión con la imagen gris.

Solución;

Allí debe fijar de eso nada este usted mismo, entonces usted necesita a

Prepare un reemplazo de un reloj de la Manzana.

Problema 2; Problema técnico, los mensajes permanecen no leídos en la serie de reloj de Manzana 4

Hacíamos que unas personas relataran un problema técnico de enfurecimiento donde ellos leen mensajes en su iPhone, sin embargo, aquellos mensajes siguen apareciendo como no leído en su Reloj de Manzana. Este problema técnico sobre todo parece ser provocado más cuando la gente cambia a nuevo iPhone

Solución;

Cierre el Mensaje App en su iPhone, luego apague tanto su iPhone como el Reloj de Manzana por directamente apremiante y sostener del botón de poder, ahora deslizándose al corte de energía. Finalmente, encienda su iPhone atrás primero, entonces su reloj de Manzana y sincronización exactamente.

Problema 3; la Pantalla se ha hecho estallar fuera de la cubierta de Manzana

Varias fuentes han confirmado que el Reloj de Manzana experimentará de vez en cuando una cuestión donde la pantalla entera se hace estallar fuera de la cubierta del reloj. Este problema fue identificado recientemente por la revisión de nuestro investigador, por lo cual los dueños de reloj de Manzana se quejaron de esta cuestión. Se cree que la cuestión proviene de la batería. Cuando la Manzana mira años de batería, esto se hincha, tomando más espacio en pequeño innards de la Manzana, y este fuerza la pantalla.

Este problema puede persistir probablemente cuando todos los modelos del Reloj de Manzana pueden sufrir de este defecto particular.

Solución

Tome su reloj de Manzana a la Tienda de Manzana más cercana, o consiga el contacto con el apoyo. Como. Cualquier falta que es relacionada con la batería, Manzana considerará la garantía, que en la mayor parte de casos puede ser ampliada a tres años para explicar esta clase del fracaso.

Problema 4; el reloj de manzana no se unirá a LTE

Cuando hay esta clase de la cuestión que la variante LTE del Reloj de Manzana es conocida ya para sus problemas que se unen al celular. La manzana en público aceptó esta cuestión y dijo que esto empujaría fijar en una actualización atrás en el octubre-septiembre de 2017. La manzana se dirigió realmente oficialmente al artículo en el WatchOS 4.0.1 actualización, aclarando esto esto tuvo que ver con el Reloj de Manzana que tiene problemas con el reencaminamiento entre Wi-Fi y celular. La actualización prohibió el Reloj de Manzana unirse no certificó redes de Wi-Fi. Se relataba para fijar las cuestiones de conectividad LTE para algunas personas, aunque los otros todavía esperen LTE fijan.

Solución

Actualice su software de Reloj de Manzana. Abra el Reloj de Manzana app en su iPhone y luego vaya al General> Actualización de Software. Usted puede tratar de establecer su plan celular otra vez. Abra el reloj de Manzana app y vaya a Mi etiqueta de Reloj, etiquete el yo al lado del Portador, y luego Quite. Usted también puede añadir que su plan celular otra vez dando un toque en Añade un Nuevo Plan, lo reactiva, y finalmente reinicia el Reloj de Manzana.

Problema 5; Ningún error de unión iPhone

Una vez la conexión del Reloj de Manzana atrás, o a veces después de usar el modo de Aeroplano, el Reloj de Manzana puede no darle un Ningún error iPhone. Si este pasa, el mejor modo de tratar con ello fue dejar a su Reloj de Manzana e iPhone encuentran el uno al otro otra vez.

Solución

El principio asegurándose que el modo de Aeroplano es apagado tanto en su Reloj como en iPhone, y que Wi-Fi y Bluetooth son encendidos.

Para reanudar su reloj de Manzana, sostenga el botón de lado antes de que usted vea el Corte de energía resbalador. Deslice el Corte de energía resbalador al más derecho y cuando la Manzana es desconectada, vuelta ello atrás en justa prensa y asimiento el botón de lado hasta ve el logotipo de Manzana.

Para reanudar el iPhone X, presione y sostenga el botón de lado y un botón de volumen hasta que la Diapositiva al corte de energía de resbalador aparezca. Para reinicializar el iPhone 8 o antes, domine el botón de sueño/estela hasta que la Diapositiva al corte de energía de resbalador aparezca. El botón de sueño/estela es localizado en el lado derecho de la cumbre si usted tiene un iPhone 5s o antes

Si todos que éstos fallan, usted siempre puede tratar de no emparejar el dispositivo y emparejarlos otra vez.

Problema 6; el Bluetooth no unirá o con frecuencia desconectará.

Solución

Hay un par de problemas técnicos posibles diferentes en el juego aquí. Algún hallazgo que su Reloj de Manzana desconectará de su iPhone, aun cuando ellos están en la variedad cercana. La queja de otros sobre tener problemas de Bluetooth cuando ellos tratan de usar sus audífonos para una prueba. Hay unas cosas que usted puede hacer para conseguir Bluetooth que trabaja otra vez para la prueba

Las cuestiones de proximidad para Bluetooth y dispositivos diferentes tienen variedades de proximidad diferentes. Tan declarado que hay mejor interpretación después de cambiar el dispositivo ellos usaban el mismo lado de su cuerpo que el Reloj de Manzana.

Si el problema es con audífonos Bluetooth y música correr, entonces sincronización su playlist en su Reloj de Manzana y vuelta Bluetooth en su iPhone lejos.

Solución

Si la cuestión es con su iPhone entonces, girando un modo de Aeroplano en su iPhones en y lejos. O bien, usted puede ir al ajuste> Bluetooth y botón de madera ello lejos, luego esperar durante unos segundos y botón de madera ello atrás otra vez.

Presione y sostenga el botón de lado en el Reloj de Manzana antes de que el resbalador aparezca, luego arrastrar el Corte de energía a la derecha.

Para girarlo atrás, domine el botón de lado hasta que el logotipo de Manzana aparezca.

Si el iPhone le da el problema, el no apareamiento de intento.

El recurso final debe borrar todo el contenido y ajustes en el Reloj de Manzana. Vaya al ajuste> el general> reinicializado> Borra Todo el contenido y Settings.when es hecho, usted puede emparejar su Reloj de Manzana iPhone.

Problem7; reloj de manzana interpretación de batería pobre

La duración de la pila de reloj de manzana es una de las debilidades principales del Reloj de Manzana, pero debería conseguirle generalmente durante el día antes de necesitar poner carburante.

Solución

Usted puede seleccionar para poner el Reloj de Manzana en el modo de reserva de poder, y esto sólo muestra el tiempo. Presione y sostenga el botón de lado en su Reloj de Manzana antes de que los resbaladores aparezcan, luego arrastren la reserva de poder a la derecha.

Abra el Reloj app en su iPhone y entre en Notificaciones y apage todo que usted no necesita.

Vaya al Ajuste> Resplandor y tamaño de texto en el Reloj de Manzana para reducir el resplandor.

En su Reloj de Manzana, vaya Poniéndose> General> la Pantalla de Estela y el botón de madera de la Pantalla de Estela en la Muñeca Levantan. Usted puede hacer este en el Reloj de Manzana app en su iPhone.

Problema 8; el Reloj de Manzana no culpará

Si usted averigua que su Reloj de Manzana no culpará, entonces recuerde que esto puede tomar unos segundos para el icono de cobro para aparecer en la pantalla cuando el Reloj de Manzana es completamente drenado. Aquí está lo que usted debería comprobar antes de que usted comience a infundir pánico.

Solución

Si su Reloj de Manzana es flamante, entonces asegúrese que usted no tiene ningún plástico en ninguna parte atado al cargador de Reloj.

Use la Manzana Cobro Magnético del Cable y el Adaptador de Poder USB que al principio vino con su Reloj de Manzana.

Compruebe esto ambas superficies son inmaculadas, y usted puede quitar cualquier caso o algo más que usted podría tener en el Reloj de Manzana.

Trate de tapar el cable en un ordenador portátil, computadora, o cualquier otro adaptador de poder en un enchufe diferente.

Domine el botón de lado de Reloj y golpee el Corte de energía a la derecha

La Corona Digital puede contemplar abajo durante al menos diez segundos antes de que usted vea el logotipo de Reloj de Manzana

El último debe tratar de abrir el Reloj de Manzana app en su iPhone e Ir a> el General> Reinicializado> Borra todo el Contenido y el Ajuste

Si todos éstos no trabajan, ello el tiempo derecho para ponerse en contacto con la Manzana.

Problema 9; ¿Mi reloj de Manzana dejó de trabajar?

Solución

Coloque la espalda de su Reloj de Manzana en el cargador otra vez. Si su Reloj todavía no culpará, oblíguelo a reactivarse. Entonces apriete y asimiento tanto botón de lado como Corona Digital durante 10 segundos, o hasta que usted vea el logotipo de Reloj de Manzana. Si el problema persiste, intente un Reloj de Manzana diferente Cobro Magnético de Cable y Adaptador de Poder USB.

Problema 10; ¿Cómo descongela usted un reloj de Manzana?

Solución

Reanudar Su Reloj de Manzana. Si su dispositivo es mal congelado y no responderá a la acción de botón de lado, entonces presionará y sostendrá tanto botón de lado como la corona digital al mismo tiempo durante aproximadamente 10 segundo

Problema 11; ¿Cómo reiniciar su reloj de Manzana?

Solución

Reanude su Reloj de Manzana

Presione y crea que el lado abrocha pendiente usted ve el Corte de Energía resbalador.

Arrastre el Corte de Energía resbalador.

Después de que su reloj de Manzana apaga, prensa y asimiento el botón de lado otra vez hasta que usted vea el logotipo de Manzana aparecer.

Problema 12; ¿Cómo fijo mi reloj de Manzana de glitching?

Solución

Domine el botón de lado para girarlo atrás en. Pero este sólo podría ser una solución provisional. Cuando su Reloj de Manzana es cerrado e insensible, intento que domina el botón de lado y la Corona Digital juntos durante al menos 10 segundos, hasta que usted vea el logotipo de Manzana aparecer.

Problema 13; ¿qué pasa si reinicialicé mi Reloj de Manzana?

Solución

Vaya al general> Poniendo> Reinicializado> Borran todo el contenido, luego aprietan Borran Todo que usted suprimirá todos los datos, y esto reinicializará su Reloj de Manzana a sus ajustes de fábrica. Aunque, este no no empareje su Reloj de Manzana de su cuenta.

Problema 14; ¿por qué mi corona de reloj de manzana se atasca?

Solución

Según el experto de Manzana, si la corona digital de su Reloj de Manzana se atasca o no se moverá, esto podría tener polvo o escombros bajo, este puede ser fijado dirigiendo el Reloj de Manzana bajo el agua dulce de un grifo durante 10 a 15 segundos.

Problema 15; ¿Cómo fijo mi Reloj de Manzana corona digital?

Solución

Como Fijar la Corona Digital en su Reloj de Manzana:

Apage el Reloj de Manzana y quitélo del cargador.

Si usted tiene una cinta de cuero, lo quita de su Reloj de Manzana también.

Sostenga la Corona Digital en el ligeramente correr, caliente, de agua dulce de un grifo durante 10 segundos.

Problema 16; ¿Cómo giro la cerradura de echar agua - lejos en el Reloj de Manzana?

Solución

Cuando usted termina la prueba a base de echar agua, o en cualquier momento usted quiere apagar la cerradura de echar agua, usted tendrá que usar estos pasos.

Gire la Corona Digital.

Siga girando la Corona Digital hasta que el Reloj de Manzana diga que es abierto.

Problema 17; ¿cuál es la gota de echar agua en el Reloj de Manzana?

Solución

El Reloj de Manzana es arreglado del echar agua resistente capacidad. Este cerrará con llave automáticamente la pantalla para evitar gotitas de echar agua de imitar grifos en la pantalla mientras usted está en el echar agua. El momento usted sale del echar agua, usted puede girar la Corona Digital dextrórsum, y el altavoz de Reloj emitirá una serie de sonidos destinados para empujar el echar agua del agujero de altavoz.

Problema 18; ¿por qué es pegado el Reloj de Manzana en el logotipo de Manzana?

Solución

La primera cosa de hacer es obligar su reloj de Manzana pegado en el logotipo de Manzana a reactivarse. Para esto, Prensa el botón de posesión en su Manzana miran al menos durante 10 segundos. Por hacer este diligentemente, usted puede llegar a la conclusión que el reloj de Manzana puede ser pegado debido a algunos problemas de software.

Problema 19; ¿Cómo fijar un logotipo de Reloj de Manzana pegado?

Solución

Usted puede forzar reanudan su Reloj de Manzana si es pegado cuando usted puede forzar reanudan su iPhone. Forzar reinician el Reloj de Manzana; todo que usted tiene que hacer es la prensa la corona digital y el botón de lado simultáneamente durante 10 segundos. Entonces libere ambos botones cuando usted ve el logotipo de Manzana aparecer.

Problema 20; ¿Cómo reinicializo mi reloj de Manzana sin mi teléfono?

Solución

Como no emparejar su Reloj de Manzana directamente en el smartwatch

Abra los Ajustes app en su Reloj de Manzana.

Entonces grifo en el ajuste General.

Seleccione Reinicializado.

El grifo en Borra Todo el Contenido y Ajustes.

Teclee su passcode (de ser permitido).

El grifo en Borra Todos (o, si usted tiene, un plan celular y desea guardarlo, Borrar Todos y Guardar el Plan).

La manzana mira más preguntas y respuestas.

Problem 21; ¿Cómo reinicializo completamente mi Reloj de Manzana?

Solución

Use su iPhone emparejado

Guarde el Reloj de Manzana e iPhone cerca juntos hasta que usted complete estos pasos.

Abra el Reloj de Manzana app y dé un toque a la Mi etiqueta de Reloj.

Entonces dé un toque al General> Reinicializado.

El Grifo Borra Contenido de Reloj de Manzana y Ajustes, entonces finalmente da un toque otra vez para confirmar.

Problema 22; ¿Cómo hago un resistente reinicializado en mi Reloj de Manzana?

Solución

Forzar reanudan el Reloj de Manzana, la prensa y sostienen tanto botón de lado como la Corona Digital durante 10 segundos, luego liberan ambos botones cuando usted ve el logotipo de Manzana aparecer.

Problema 23; ¿debería yo apagar mi reloj de Manzana?

Solución

La cara de reloj aparece cuando el Reloj de Manzana es conectado. Apage: Por regla general, usted dejará su Reloj de Manzana durante todo el tiempo, pero si le gusta apagarlo, apretar y asimiento el botón de lado hasta que los resbaladores aparezcan, luego arrastren el Corte de Energía resbalador a la derecha.

Problema 24; ¿Cómo reparo mi Reloj de Manzana?

Solución

Si su Reloj de Manzana no puede unir, no emparejar sus dispositivos, luego emparejarlos otra vez:

En su Reloj de Manzana, dé un toque a Ajustes> General> Reinicializado> Borra Todo el Contenido y Ajustes

 También, en su iPhone, abra el Reloj de Manzana app, dé un toque a la Mi etiqueta de Reloj, luego dé un toque a su reloj en lo alto de la pantalla....

 Empareje su Reloj de Manzana e iPhone otra vez.

Problema 25; ¿puedo fijar pantallas de reloj de Manzana?

Solución

La garantía de Reloj de Manzana no cubre el daño causado por casualidad o el abuso. El coste de conclusión para servir una pantalla por casualidad dañada depende de su modelo de Reloj de Manzana, cualquier daño adicional, y si usted tiene AppleCare + cobertura. Si usted tiene AppleCare +, esto cubre hasta dos incidentes de cualquier daño casual.

Problema 26; ¿Cuál es el modo de teatro en el Reloj de Manzana?

Solución

Primero introducido en el reloj OS 3.2, el Modo de Teatro es un rasgo accesible pero práctico que esto es diseñado para impedir a la pantalla del Reloj de Manzana activar cuando usted levanta su muñeca.

Problema 27; ¿Cómo reinicializo mi reloj de Manzana con demasiadas tentativas de passcode?

Solución

Guardando el Reloj en el cargador y relacionado con poder:

Presione y sostenga el botón de lado hasta que usted note el Corte de Energía resbalador.

Prensa firmemente en el Corte de Energía, pero no tratan de deslizarse esto - hace presión más bien que un grifo normal, libera su dedo y luego da un toque en Borran todo el contenido y ajustes y confirman.

Problema 28; ¿puedo ducharme con mi Reloj de Manzana 2?

Solución

Duchándose con la versión de la Serie de Reloj de Manzana 2, Serie de Reloj de Manzana 3, y Serie de Reloj de Manzana 4 está bien, pero recomiendo no por exponer el Reloj de Manzana a jabones, shampoos, acondicionadores, lociones, y perfumes cuando ellos pueden afectar dañosamente sellos de echar agua y membranas acústicas.

Problema 29; ¿puedo usar un Reloj de Manzana robado?

Solución

Tan si su reloj es por casualidad perdido o robado, usted puede usar el Hallazgo Mi iPhone para ayudarle a encontrarlo otra vez. La Serie de Reloj de Manzana 4 (GPS) y Serie de Reloj de Manzana 3 y 2 puede usar GPS y una unión Wi-Fi confiada. Como la Serie de Reloj de Manzana 1 no tiene GPS, usted verá la posición de su iPhone emparejado o su unión Wi-Fi.

Problema 30; ¿Cómo no pego mi corona de Reloj de Manzana?

Solución

Hay tres caminos en cual No palo una Corona Digital Pegajosa en su Reloj de Manzana

Apage su Reloj de Manzana y quitélo del cargador.

Si usted tiene una cinta de cuero, lo quita de su Reloj de Manzana.

Sostenga la Corona Digital en el ligeramente correr, caliente, de agua dulce de un grifo durante 10 segundos.

Problema 31; por qué hace mi reloj de Manzana dice vuelta que la corona digital abre y expulsa el echar agua.

Solución

Para apagar la Cerradura de Echar agua en el Reloj de Manzana, que es lo que usted describe, siga girando la Corona Digital hasta que la gotita de echar agua llene el círculo, y sus estados de Reloj de Manzana Abiertos (usted también puede oír que el altavoz hace sonidos.

Problema 32; ¿Cómo quita usted una cinta de reloj de Manzana pegada?

Solución

Asegúrese para dominar la liberación oval, entonces la cinta no se atasca. Haga otra vez en el extremo opuesto de un reloj para quitar la segunda cinta. Tome la nueva cinta. Asegure que la parte oculta de la cinta afronta usted y la diapositiva hasta que usted sienta que esto hace clic en el lugar.

Problema 33; ¿Cómo no pego mi botón de Reloj de Manzana?

Solución

Apage usted es el Reloj y lo quita del cargador. Si usted tiene una cinta de cuero, lo quita de su Reloj de Manzana. Sostenga la Corona Digital en el ligeramente correr, caliente, de agua dulce de un grifo durante 10 segundos.

Problema 34; ¿Cómo quita usted el echar agua del Reloj de Manzana?

Solución

Para conseguir todo el echar agua o el sudor del altavoz de Reloj de Manzana, usted tiene que aprovechar el rasgo de eyección de echar agua incorporado de Reloj de su Manzana. En la cara de reloj de Manzana, aseste un golpe del fondo de la pantalla para abrir el Centro de Control. Enrolle abajo hasta que usted vea el icono de gota de echar agua

Problema 35; ¿Qué gira realmente la corona digital media?

Solución

La Corona Digital es la respuesta de la Manzana a la corona proviene en relojes mecánicos. Históricamente, la corona es usada para poner la fecha y el tiempo en cualquier reloj de pulsera, y girar la muelle real para guardar el correr de reloj. Los usuarios de Reloj de manzana pueden presionar la Corona Digital para volver a la pantalla de Casa, mucho como el botón de casa en un iPhone.

Problema 36; ¿mira la manzana la cerradura de echar agua de necesidad?

Solución

Las Series de Reloj de Manzana 2 y 3 permiten la cerradura de Echar agua automáticamente comenzando una prueba Nadadora. Para quitar a mano el echar agua del Reloj de Manzana, aseste un golpe en el fondo de la cara de reloj para abrir Centro de Control, Cerradura de agua del grifo, luego girar la Corona Digital para abrir la pantalla y el echar agua claro del altavoz.

Problema 37; ¿Puede manzana Mirar 3 se mojan?

Solución

La Serie de Reloj de Manzana 3 es también el echar agua - y resistente de polvo. Como la Serie 2, la Serie de Reloj de Manzana 3 es herméticamente sellada. Usted puede ducharse con el reloj y nadar con ello en fondos y el océano, aunque en profundidades sólo playas.

Problema 38; ¿Puede manzana Mirar 4 se mojan?

Solución

Su Reloj de Manzana ama mojarse. Pero cuando usted comienza una prueba nadadora, las patadas de modo impermeables en automáticamente, que es medios la pantalla al tacto de Reloj de Manzana deja de trabajar.

Problema 39; ¿Cómo apago la cerradura de activación en el Reloj de Manzana?

Solución

En su computadora, vaya a iCloud.com y signo en con su tarjeta de identidad de Manzana.

Vaya para Encontrar Mi iPhone.

Seleccione Todos los Dispositivos, y luego haga clic su Reloj de Manzana.

El Chasquido Borra el Reloj de Manzana. Seleccione Después hasta que el dispositivo sea borran.

Chasquido al lado de su Reloj de Manzana.

Problema 40; ¿Cómo le hacen Reloj de Manzana troubleshoot?

Solución

Para reanudar su Reloj, siga estos pasos:

Presione y sostenga el botón de lado hasta que los conmutadores digitales aparezcan.

Deslice el Corte de Energía interruptor al derecho de apagar su Reloj de Manzana.

Para reanudar el Reloj una vez que esto apaga, domine el botón de lado hasta que usted vea el logotipo de Manzana aparecer.

Mantenimiento de Reloj de Manzana

Tlos o guardan su reloj de Manzana valioso, usted necesita a maestros las puntas de mantenimiento. Entonces tenemos que revisar esta información vital. Siempre guarde su Reloj de Manzana limpio y seco. Manzana limpia y seca Reloj elegante, la cinta, y su piel después de pruebas o sudación profunda.

El Reloj de Manzana Seco se vuelve y la cinta meticulosamente si ellos son expuestos a de agua dulce. El Reloj de Manzana Limpio de ser expuesto a todo que puede causar manchas, u otro daño, como suciedad, arena, maquillaje, tinta, jabón, detergente, solución ácida, o comida ácida. O cuando entra en contacto con líquidos además del echar agua, incluso aquellos que pueden conducir a la irritación de piel como sudor, echar agua de mar, jabonoso, echar agua de fondo, perfume, repelente de insectos, lociones, pantalla solar, petróleo. Los otros son removedor adhesivo, tinte de pelo, o solventes, etc. A pesar del cuidado regular, el Reloj de Manzana y los colores de cinta pueden variar o descolorarse durante un período.

Apage el Reloj de Manzana.

Presione y sostenga el botón de lado de su Reloj, luego arrastre el Corte de Energía resbalador a la derecha.

Entonces deprima los disparadores de cinta y quite la cinta.

Limpie el Reloj de Manzana, limpio con un no abrasivo, tela sin hilas. Usted también puede mojar ligeramente la tela con el agua dulce.

Reloj de Manzana Seco con una tela sin hilas, no abrasiva.
Los modelos (de oro) del Reloj de Manzana se benefician el más si usted los limpia con frecuencia. Limpio con un no abrasivo, tela sin hilas para deshacerse de aceite que está en la superficie, perfumes, lociones, y otras sustancias, en particular antes de almacenar el Reloj de Manzana.

Estas cosas no recomendadas en el cuidado de su Manzana Reloj Elegante:

1. No limpiar el Reloj de Manzana al mismo tiempo cuando esto culpa.

2. No secar el Reloj de Manzana, las cintas usando una fuente de calor externa como un secador de pelo.

3. No usar productos de limpieza químicos o aire comprimido limpiando su Reloj de Manzana.

El frente del Reloj de Manzana es hecho por cristal de Ión-X o cristal de zafiro, cada uno con un resistente de huella digital oleophobic, que es sustancias de capa del aceite repelentes. Este material de capa se gasta con el tiempo con el uso regular. La limpieza de productos y sustancias abrasivas disminuirá adelante la capa, y puede rasguñar probablemente el cristal o el cristal de zafiro.

Usando botones, Corona Digital, conectores, y puertos

Usted nunca debería aplicar la presión excesiva a un botón o la Corona Digital en el Reloj de Manzana, o forzar un conector de cobro en su puerto, por la razón que, este puede causar daño lo que no es la tapa conforme a la garantía de compañía. Tome la nota que si el conector y el puerto no se unen con la facilidad razonable, con la mayor probabilidad, ellos no hacen juego.

Compruebe cualquier obstrucción y asegúrese que el conector empareja el puerto y que usted ha colocado el conector correctamente con relación al puerto.

Algunos modelos de uso específicos pueden ser un factor en deshilacharse o romper de cables. El cable atado a un componente de cobro, como cualquier otro cable metálico, es sujeto a hacerse frágil o débil de reiterativamente ser doblado en el mismo punto. Será prevenido por curvas suaves en vez de ángulos en el cable. Con regularidad, inspeccione el cable y el conector para cualquier vuelta, rupturas, curvas, o cualquier daño. Por si usted encuentre cualquier tal daño, discontinúe el uso del cable.

Es normal después del uso regular el conector de relámpago al cable de USB puede conseguir la decoloración. La suciedad extrema, los escombros, y la exposición a la humedad pueden causar la decoloración. Si su cable de relámpago o conector se hacen tan calientes durante el uso o si el Reloj de Manzana no cobrará, desconectará el cable del adaptador de poder y limpiará el conector de relámpago con una tela no corrosiva, seca, sin hilas. Usted no debería usar líquidos o agentes de limpieza limpiando el conector de Relámpago.

Cable de cobro magnético y caso de cobro magnético

El cable de cobro magnético del Reloj de Manzana y la decoloración de caso de cobro magnética de la superficie de cobro pueden ocurrir después del uso regular debido a suciedad y escombros que entran en contacto con la superficie magnética. Este es común. La limpieza de la superficie de cobro magnética puede reducir, o impedir, aquella decoloración, y ayudará a evitar el daño a su cargador y Manzana Reloj elegante. si usted quiere limpiar la superficie de cobro, desconectar el cargador del Reloj de Manzana como de las salidas de adaptador de poder y limpiar con una humedad, tela sin hilas no abrasiva. Siempre séquelo con un no abrasivo, tela sin hilas antes de cobrar otra vez. Este también no requiere la utilización de un agente químico que limpia limpiando la superficie de cobro.

El Reloj de Manzana temperatura de operaciones es diseñado para trabajar mejor en temperaturas ambientales entre 0 ° y 35°C y ser almacenado en temperaturas entre-20 ° y 45 ° C. El Reloj de Manzana puede ser estropeado y la duración de la pila redujo de almacenado o ser hecho funcionar fuera de estas variedades de temperaturas ambientales. Evite exponer su Reloj de Manzana a cambios notables de temperatura o humedad. Cuando la temperatura interior de la Manzana el Reloj elegante excede el promedio temperaturas de operaciones (por ejemplo, en chamuscar el tiempo o la luz del sol directa durante un período ampliado del tiempo), usted puede experimentar probablemente el siguiente como la Manzana las capacidades de operaciones elegantes intentan regular su temperatura:

El cobro puede reducir la marcha o pararse.

1. La demostración de Manzana puede atenuarse.

2. Un icono de pantalla que advierte temperatura puede aparecer.

3. La cierta transferencia de datos puede ser hecha una pausa o retrasada.

4. Un poco de Manzana apps puede cerrarse.

Es vital saber que usted no puede ser capaz de usar el Reloj de Manzana, mientras que la temperatura que advierte la pantalla es mostrada. Como, si el Reloj de Manzana no puede regular su temperatura ambiental interna, esto por lo general entra en una reserva de poder o un modo de sueño profundo hasta que esto se enfríe. Cuando este problema ocurre, movimiento su Manzana Reloj elegante a una posición más relajada de luz del sol directa o coche caliente y esperar unos minutos antes de tratar de usarlo otra vez.

Es muy esencial guardar naipes claves y naipes de crédito lejos del Reloj de Manzana, las cintas, el Reloj de Manzana cable de cobro magnético, y el Reloj de Manzana caso de cobro magnético.

Como preocuparse Correa de reloj de Manzana

Es aconsejable usar sólo Marcado por manzana o la Manzana autorizó cintas. Limpie las cintas, quite la cinta del Reloj de Manzana antes de la limpieza.

Pero, para la parte de cuero de las cintas, límpielos limpio con un no abrasivo, tela sin hilas, ligeramente mojada con el echar agua. Después de la limpieza, permita el aire de cinta seco a fondo antes de atarlo de nuevo atrás al Reloj de Manzana. Usted no debería almacenar cintas de cuero en la luz del sol directa, en temperaturas muy altas, o en la humedad alta. Además, no empape cintas de cuero en de agua dulce. Las cintas de cuero no son hidrófugas.

Para otras cintas y broches, límpielos limpio con un no abrasivo, tela sin hilas, ligeramente mojada con el echar agua. Seque la cinta a fondo con un no abrasivo, tela sin hilas antes de atarlo de nuevo atrás

Como quitar, cambiar, y sujetar cintas

En esta parte, usted aprenderá las instrucciones generales para quitar, cambio, y cerrojo de cintas. Todo el tiempo asegure que usted sustituye una cinta por similar del mismo tamaño.

Las cintas son puestas la talla según el tamaño de Manzana Reloj elegante y no deberían ser usadas sólo de modo intercambiable. Algunos estilos de cinta hechos expresamente para una Manzana de tamaño particular Reloj elegante sólo.

Cambiar cintas

Presione el disparador de cinta en su Reloj de Manzana, deslice la cinta a través quitarlo, luego deslice la nueva cinta. Nunca fuerce una nueva cinta en su ranura. Sin embargo, si usted tiene la dificultad quitar o insertando una cinta, luego presiona el disparador de cinta otra vez.

El disparador de cinta

Sujete una cinta. Para más interpretación excelente, Manzana el Reloj elegante debería caber fuertemente en su muñeca. La espalda del Reloj de Manzana necesita el contacto de piel bueno para rasgos como el descubrimiento de muñeca, haptic notificaciones, y el sensor de precio de corazón. Esto es también otra broma para llevar puesta la Manzana Reloj elegante con el derecho adecuado - no demasiado apretado, no demasiado suelto, y con bastante cuarto para su piel para respirar. Puede guardarle más cómodo y dejar a los sensores hacer su trabajo. A veces le gustaría apretar el Reloj de Manzana para sus pruebas, luego soltaría la cinta cuando usted termina. También, los sensores de dispositivo trabajarán cuando usted lleva puesto el Reloj en la cumbre de su muñeca.

Reloj de Manzana, el Doctor en Su Muñeca

David de James pensó que él tenía un ataque de pánico. Él descansó un rato del trabajo para andar alrededor del bloque durante un día estresante y notó que él se sintió sin aliento, paseando una inclinación leve. No es sano, James pensó. Él se había hecho cycler entusiástico en meses recientes y no era exactamente de la forma. Él se sentó en su escritorio y miró la serie de Reloj de Manzana en su muñeca.

Su precio de corazón era muy alto, y el Reloj de Manzana ECG app él usaba para comprobar su pulso dirigía advertencias. Tal vez era un poco más serio, él pensó.

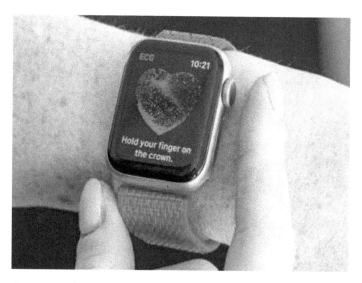

Aunque él tuviera una embolia pulmonar dos años atrás. Él había estado en la medicación, y los doctores dijeron que esto era una condición extraña para alguien a su mediados de los años 20. De todos modos, los síntomas esta vez eran mucho menos severos, y él se sentía acentuado, entonces su mente no brincó automáticamente a coágulos de sangre. El doctor de James le dijo que esto sonó a la ansiedad aguda. Entonces él le mostró un tronco de su precio de corazón registrado por el Reloj de Manzana ECG app.

'Este es mi precio de corazón normal,' James le dijo, señalando al gráfico en el app. 'Este es donde mi corazón es ahora. Hay algo incorrecto.' El doctor pidió una exploración de CT. El resultado de exploración de CT indica que los coágulos de sangre en su pulmón izquierdo habían vuelto.

Una ambulancia apresuró a James al cuarto de emergencia, donde él fue bombeado lleno de la sangre thinners. Él no necesitó la cirugía esta vez, pero los doctores le dijeron que si él hubiera esperado, un coágulo podría haberlo matado. James no es la única persona que ha descubierto una condición de salud seria después de ver datos de precio de corazón en una Manzana smartwatch. Y él no será el último.

Estuve preocupado cuando abrí el ECG app por primera vez en la Serie de Reloj de Manzana 4.

No tengo ningunas cuestiones de corazón conocidas. Soy un partidario de la disciplina estricta estricto sobre physicals regular. Pero yo nunca había sido a ningún cardiólogo o tenía un electrocardiograma. Y fui un poco asustado que el Reloj de Manzana podría notificarme de algo sobre mi salud que yo no sabía. Yo no era confidente que hasta quise saber. Sin embargo, cuando conseguí el acceso temprano al ECG app, que oficialmente estira a mi serie de reloj de Manzana cuatro el jueves, 24 de diciembre de 2018, tuve que hacer un esfuerzo para mí.

Presioné mi índice derecho que toca la Corona Digital del reloj y lo sostuve allí durante 30 segundos cuando el reloj midió mi ritmo de corazón, pero tratando de no aguantar mi respiración al mismo tiempo. Miré mi latido del corazón graphed en de tiempo real en la pantalla de reloj de Manzana, tratando de hacer de intérprete solo si fuera normal. Pareció razonable, pero no soy ningún profesional sobre ello — las demostraciones de resultado: Ritmo de Seno. Ningún atrial fibrillation descubierto. Apreté mi puño en el aire, realizando que yo había sido un poco preocupado.

Preferentemente, usted nunca tendrá que usar ECG del Reloj de Manzana app. Excepto si usted siente algo extraño, un revoloteo en su pecho o su pulso. Usted puede tomar lo que es similar a un electrocardiograma solo de plomo clínico directamente en su muñeca usando un reloj de Manzana. Esto podría ser un salvavidas muy importante. ECG y el ELECTROCARDIOGRAMA son ambos abreviaturas para un electrocardiograma, que mide la actividad eléctrica del corazón. Los doctores y otros profesionales de salud a menudo se refieren a ello como un ELECTROCARDIOGRAMA; el reloj de la Manzana app lo llamó ECG.

Lo que usted tiene que saber sobre ECG

La electrocardiografía es el procedimiento científico por el cual las actividades eléctricas del corazón son analizadas y estudiadas. La extensión de excitación por el músculo de corazón myocardium produce un potencial eléctrico local. Los flujos corrientes de esta intensidad baja en todas partes de un cuerpo, que actúa como un conductor de volumen.

Esta corriente puede ser recogida de una superficie del cuerpo usando electrodos apropiados y registrada en la forma de un electrocardiograma. La técnica en primer lugar descubierta por fisiólogos holandeses. El Einthoven Willem quién consideró como el padre de electrocardiograma (ECG).

Electrocardiógrafo

El electrocardiógrafo es el dispositivo médico por el cual las actividades eléctricas del corazón son analizadas y registradas.

Electrocardiograma

El electrocardiograma se deriva del electrocardiograma en el ELECTROCARDIOGRAMA holandés, o ECG es el registro gráfico de actividades eléctricas del corazón, que ocurren antes del inicio de actividades mecánicas. Esto es la suma de la actividad eléctrica de fibras de músculo cardíacas, registradas de la superficie del cuerpo

Funciones generales de ECG

El electrocardiograma es muy útil en la determinación y diagnosticar los parámetros de corazón siguientes.

1. Precio de corazón

2. Ritmo de corazón

3. Conducción eléctrica anormal

4. Suministro de sangre inadecuado al músculo de corazón (ischemia)

5. Ataque cardíaco

6. Enfermedad de arteria coronaria de corazón

7. Hipertrofeo de cámaras de corazón.

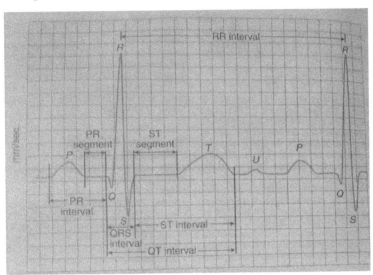

REJILLA de ECG

El papel usado para registrar ECG es llamado el papel de ECG. El dispositivo de ECG amplifica las señales eléctricas producidas del corazón y registra estas señales en un movimiento papel de ECG.

La rejilla electrocardiográfica se refiere a las líneas de marcas en el papel de ECG. El papel de ECG tiene líneas horizontales y verticales con regularidad de 1 mm cada uno. Cada 5a línea (5 mm) es bolded.

Duración de tiempo

La duración de tiempo de ondas ECG diferentes es por lo general trazada horizontalmente en el X-eje.

En X-eje

1 mm = 0.04 segundo

5 mm = 0.20 segundo

Amplitud

Una amplitud de ondas ECG es trazada verticalmente en el Y-eje.

En Y-eje

1 mm = 0.1 mV

5 mm = 0.5 mV

La velocidad del papel

El movimiento del papel por la máquina puede ser ajustado por dos precios, 25 mm/segundos y 50 mm/segundos. Con frecuencia, la velocidad del papel durante grabación de juego en 25 mm/segundos. Si el precio de corazón es muy alto, una aceleración del papel cambiado a 50 mm/segundos.

El CAPÍTULO 26

Como el ECG App Trabajos

Tél Reloj de Manzana no puede identificar ataques cardíacos, hipertensión, coágulos de sangre, o ninguna condición aparte de atrial fibrillation. ¿Cuál es un ritmo de corazón irregular que puede ser, pero es no necesariamente, relacionado con aquellas cuestiones de corazón?

¿Es Exacto?

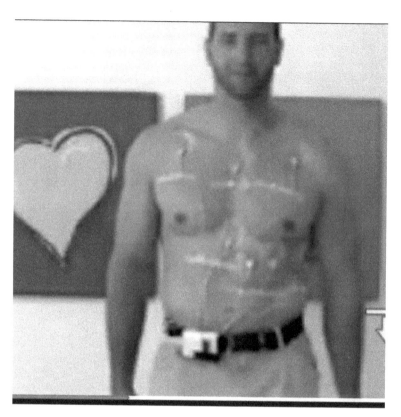

Mi reloj me dijo que yo estaba en el Ritmo de Seno tiempos múltiples, y lo creí. Pero asegurar todo es alright, me sujeté a un 12 electrocardiograma de plomo en un hospital, al menos, para la ciencia. Como ECG del Reloj de Manzana, un ELECTROCARDIOGRAMA lleno toma sólo 30 segundos. Los resultados del app ECG no son comparables para un ELECTROCARDIOGRAMA de 12 plomo, porque el sensor del reloj es similar a un plomo solo, midiendo un punto solo en el cuerpo. Para ser más preciso, la Manzana no aboga por la comparación de los dos, porque ellos no son el mismo. Un ELECTROCARDIOGRAMA de 12 plomo puede ser usado para diagnosticar una serie de cuestiones, incluso ataques cardíacos. ECG solo de plomo no puede hacer esto.

Mi médico ató 12 conduce a mi cuerpo a través de mi pecho, armas, y piernas — a medir los pulsos eléctricos de la cabeza para tocar con la punta del pie. Cada punto revela la información diferente, pero esto probablemente diagnosticará atrial fibrillation de un plomo solo. Usted también puede medir el precio de corazón alto y bajo de un borde, pero esto es sobre ello.

Mi ELECTROCARDIOGRAMA lleno finalmente confirmó que mi ritmo de corazón es en efecto normal; ningún atrial fibrillation descubierto. Wow. Traté simultáneamente de someterme al ELECTROCARDIOGRAMA y tomar una medida en la Manzana ECG app, pero debido a la interferencia eléctrica causó una lectura ruidosa.

También aprendemos que años pasados, durante la copa mundial, la mayor parte de los abanicos de Inglaterra advirtieron sobre sus precios de corazón durante un desempate a penaltis de pena tenso.

Los Relojes de Manzana advirtieron abanicos de Inglaterra que podría haber algo seriamente incorrecto con sus corazones durante el desempate a penaltis de pena del equipo contra Colombia. La tensión de mirar el juego envió pulsos que se disparan entre abanicos obligados a mirar su lucha de equipo para quedarse en la Copa Mundial. ¡Imagine!

Reloj de Manzana para descubrimiento de enfermedades cardíacas

Con la accesibilidad de reloj OS 5.1.2 y Serie de Reloj de Manzana 4, que incorporó con la capacidad ECG. Los clientes de Reloj de manzana hoy día tienen el acceso a dos rasgos para descubrir problemas de corazón como arrhythmias y atrial fibrillation. La Serie de Reloj de Manzana 1, 2, y 3 puede buscar arrhythmias utilización de un algoritmo basado photoplethysmograph. Pero, el ECG app en la Serie de Reloj de Manzana 4 es capaz de generar un similar ECG a un Plomo I electrocardiograma. Este app también clasifica un ECG como el ritmo de seno (SR), atrial fibrillation (AF), o inconcluyente, y relata un precio de corazón alto o bajo. Este libro es querido para proporcionar un entendimiento más detallado de las capacidades de estos rasgos, incluso pruebas de la validación.

El Atrial fibrillation

El Atrial fibrillation es un tipo del ritmo de corazón irregular en el cual la cámara de corazón superior llamó atria.

El latido irregularmente y a veces rápidamente es una de las causas principales del golpe. Aunque AF sea a menudo asymptomatic, conduciendo a muchas personas con AF a ser desconocido con esta condición. La mezcla del riesgo de golpe, ninguna presentación de síntoma, los tratamientos pharmacologic eficaces reducen el riesgo de golpe. Y el aumento de la infiltración de mercado de dispositivos de consumidor con el potencial para descubrir AF ha aumentado mucho interés al descubrimiento temprano de AF fuera del ajuste clínico.

Los watchOS 5.1.2, Serie de Reloj de Manzana 1, 2and 3 son capaces de períodos que se identifican del pulso irregular provocativo de AF que usa photoplethysmograph (PPG) señales conjuntamente con un algoritmo. Además de este algoritmo de descubrimiento PPG-basado. La Serie de Reloj de Manzana 4 tiene un sensor de corazón eléctrico que, usando el ECG app, permite la generación y el estudio de un similar ECG a un Plomo I ECG.

Descubrimiento arrhythmia PPG-basado
Descripción científica

El Reloj de Manzana tiene un sensor de corazón óptico único que usa luces CONDUCIDAS verdes en la superficie trasera a emparejado con fotodiodos sensibles a la luz para descubrir pulsos de sangre en la muñeca de un usuario usando Photoplethysmography (PPG). Estos sensores y algoritmos esenciales son la base para el precio de corazón, y variabilidad de precio de corazón (HRV) el descubrimiento permitió en Serie de Reloj de Manzana 1 y resto.

Para la determinación de HRV, el Reloj de Manzana captura un tachogram, un complot del tiempo uniendo latidos del corazón cada 2 a 4 horas. Comenzando con el reloj que OS 5.1.2, un usuario puede decidir permitir un aspecto de descubrimiento arrhythmia que utiliza estos echograms. Para usar el rasgo de Notificación de Ritmo Irregular en el Reloj de Manzana, un usuario debe firmar con las iniciales onboarding completo dentro de la Salud app en el usuario ha emparejado iPhone. Aprender a usar el rasgo y recibir enseñar en cuanto a AF.

Cuando el descubrimiento arrhythmia PPG-basado es permitido, cada tachogram es clasificado utilizando un algoritmo patentado para determinar si un ritmo irregular puede estar presente. Tachogram irregular inicia una oleada de la colección tachogram más frecuente (tan a menudo como posible, sujeta a un espaciado mínimo desnudo de 15 minutos) y análisis.

Los Tachograms son coleccionados y analizados si el usuario permanece en reposo para obtener otra lectura. A causa de este, el algoritmo no constantemente supervisa al usuario, pero hasta cierto punto, hace tan aprovechadamente cuando una señal adecuada está disponible para la colección/análisis. Si 5 de 6 tres tachograms secuenciales (incluso la inicial un) son clasificados como irregular dentro de 48 horas, el usuario es notificado de arrhythmia posible. Además de la notificación arrhythmia, el usuario también puede tener acceso a más información relacionada con estos tachograms irregulares dentro de la Salud app

Si dos tachograms son clasificados como no irregular antes de que el umbral sea alcanzado, el ciclo es automáticamente reinicializado. Y la colección de tachogram vuelve al precio de línea de fondo (cada 2 horas).

Prueba de desarrollo preclínica

Precediendo a las pruebas clínicas, los numerosos estudios fueron conducidos para aumentar el algoritmo de descubrimiento PPG-basado y evaluar la interpretación de algoritmo a través de una diversidad de condiciones ambientales y comportamientos de usuario. Entre éstos eran dormir regular, profundamente respiración, que monta a caballo en un coche, temblores de mano, y movimiento. Mano reducida y perfusión de muñeca, durante la noche lleve puesta la respuesta ventricular rápida en aquellos con AF y otro arrhythmias. Estos estudios fueron realizados en 2500 sujetos de control y las más de 600 personas con AF.

Como PPG confía en la absorbencia ligera CONDUCIDA, el algoritmo de descubrimiento arrhythmia probado a través de tipos diferentes de piel y tonos. Asegurar que los ajustes de plataforma de sentido para el tono de piel eran adecuados en el marco de los algoritmos solía descubrir arrhythmias. La piel contiene Melanin que tiene la absorbencia alta en la longitud de onda usada por el verde ENGAÑÓ la Manzana smartwatch — haciendo la medida de precio de corazón de PPG potencialmente más compleja en tonos de piel más oscuros. Rectifique este, el Reloj de Manzana que siente que la plataforma ajusta la corriente CONDUCIDA y así encender la salida, ganancia de fotodiodo (sensibilidad frente a luz emitida), y velocidad de muestreo. Asegurar amplitud de señal adecuada a través de todos los tipos de tonos de piel humanos.

En la Salud de reloj de Manzana app, los usuarios pueden ver los tiempos cuando el algoritmo identificó tachogram irregular que contribuyó a una notificación en el izquierdo.

La selección de una de estas fechas específicas o tiempos permite que un usuario visualize las medidas de latido a latido calculadas de ambos tachogram.

La Salud la Vista de App de Medidas de Ritmo Irregulares Para objetivos de validación, 1.4 millones de tachograms de 1134 sujetos (hembra del 52 %) con tipo de piel variante y tono (tipo de piel de broma de Fitzpa y ligereza de piel mesurada de espectrómetro en la muñeca) fue estudiada y analizada.

Las preocupaciones industriales primarias se concentraron en amplitudes de señal en personas con la piel oscura, casi el 5 % de sujetos matriculados hacía que Fitzpatrick escribiera a máquina VI piel, sobre dos veces el predominio esperado

Reloj de Manzana Descripción de ECG

La Serie de Reloj de Manzana 4 viene a un electrodo de titanio en su corona digital y un silicio de cromo ultradelgado - carbón nitride capa aplicada al cristal de zafiro al dorso del Reloj de Manzana. El ECG app descubre y registra los impulsos eléctricos que controlan el corazón de la yema del dedo del usuario en una corona digital y la muñeca al dorso del Reloj de Manzana. Que normalmente crea un recorrido cerrado corto. Para usar el ECG app en el Reloj de Manzana, un usuario debe completar al principio onboarding dentro de la Salud y la buena forma física app en el usuario ha emparejado iPhone para aprender más en como usar el elemento y recibir la instrucción en cuanto a AF. Para hacer un ECG, un usuario debe abrir el ECG app instalado en el Reloj de Manzana, luego aplicar un dedo de la mano contralateral a la muñeca del lado donde el Reloj de Manzana es llevado puesto a la corona digital durante 30 segundos. Conduzca I polaridad determinada por la colocación de muñeca del Reloj de Manzana que ya seleccionó en Ajustes.

Después de obtener el ECG, un algoritmo es usado para clasificar el ECG que remonta como Ritmos de Seno (SR), atrial fibrillation (AF), o inconcluyente.

Esta clasificación de ritmos, en precio de corazón medio, síntomas hechos un informe por usuario, y forma de onda es toda almacenada en HealthKit y puede ser enviada por el usuario cuando un archivo PDF de la Salud app en el usuario ha emparejado iPhone a los médicos.

Determinación de ECG en Reloj de Manzana

El Reloj de Manzana era en público un acontecimiento notable el 9 de septiembre de 2014, en Cupertino en el Centro de Sílex. Esto es el lugar simbólico renombrado donde Steve Jobs presentó el primer Macintosh en 1984 e iMac en 1998, respectivamente.

Después de presentar una secuencia de sus nuevos productos y servicios, el presidente de Manzana corriente Tim Cook repentinamente volvió en la etapa con la firma de Steve Job memorable, y él dice, "Uno más cosa …".

Esto era el primer tributo a la muerte de Empleos, un signo que la compañia por fin quiso dejar a la mentira de herencia de Empleos. Él entonces introdujo la Manzana de dispositivo más personal ha creado alguna vez en la historia de especie humana.

La inicial de manzana liberó en el abril de 2015 su nueva línea del producto en tres colecciones: Reloj de Manzana, Deporte de Reloj de

Manzana, y Edición de Reloj de Manzana. La compañía describió los productos en como sigue:

El (reloj de Manzana) los rasgos de colección muy pulieron casos de acero inoxidables negros de acero y espaciales inoxidables. La demostración de cara protegida por cristal de zafiro. Y hay una opción de tres cintas de cuero únicas, una pulsera de eslabón, un lazo Milanese, y una cinta hecha del componente fluoro-elastomer de alto rendimiento.

Condiciones de funcionalidad

La marca del reloj de Manzana dirige una versión de iOS, diferente de su homólogo smartphone, pero no es hacen llamadas del reloj sin estar relacionado con una Manzana compatible smartwatch. Pero otras funciones vitales están disponibles como notificaciones, actividad, Siri, Paga de Manzana, etc.

ECG App guía de Instrucciones

Indicaciones para uso

El ECG app es un software de reloj de Manzana para aplicaciones médicas sólo móviles queridas para el uso con la serie de Reloj de Manzana para crear, registrar, almacenar, transferir, y mostrar un electrocardiograma de canal solo (ECG) similar a un Plomo I ECG del plomo estándar I, II, e III.

El ECG app puede determinar el frecuencia de atrial fibrillation (AF) o ritmo de seno en una forma de onda clasificable. Pero el Reloj de Manzana ECG app no es sugerido para usuarios con otro arrhythmias típico conocido.

El ECG app es querido para sin receta médica (Organización de Cooperación Comercial) uso sólo. Los datos mostrados por el Reloj de Manzana ECG app son diseñados para la información exclusivamente. No se espera que el usuario interprete o tome cualquier acción clínica basada en el Reloj de Manzana app salida sin la consulta de un profesional de asistencia médica calificado.

La forma de onda ECG es querida para complementar la clasificación de ritmo para discriminar AF del ritmo de seno normal típico y no querida para sustituir métodos convencionales de diagnóstico o tratamiento. La Manzana ECG app no es también aplicable a la gente menor de edad de 22.

La utilización del ECG App

Sistema de ECG

Tél ECG app está disponible en la Serie de Reloj de Manzana 4 con el reloj OS 5.1.2 y serie 5 generación, emparejada con iPhone 5s o más tarde con iOS 12.1.1.

·Open la Salud app en su iPhone.

·on la etiqueta de Datos de Salud, dé un toque al Corazón, luego seleccione "Electrocardiograma (ECG)"

·Follow las instrucciones de pantalla.

El •You puede salir en embarque en cualquier momento por el apretamiento "Anulan".

La grabación de una Manzana ECG

El •Ensure su Reloj de Manzana es cómodo en la muñeca que usted seleccionó en Ajustes> General> Orientación de Reloj.

·Open el ECG app en su Manzana Reloj elegante.

·Rest sus armas en su regazo o en la mesa, y asimiento su dedo en la Corona Digital. Ninguna necesidad de presionar la corona durante la sesión.

La grabación de •The toma casi 30 segundos.

La manzana mira el Análisis ECG.

·After una lectura acertada, usted recibirá una de las notificaciones de clasificaciones siguientes en su ECG app:

1. Ritmo de seno: un resultado de ritmo de seno normal significa que el corazón golpea en un modelo uniforme entre 50-100 BPM.

2. Atrial Fibrillation: un resultado de AF significa que el corazón golpea en un modelo irregular entre 50-120 BPM.

3. Inconcluyente: un resultado inconcluyente significa que la grabación no puede ser bien clasificada. Esto puede ocurrir por motivos, como no descansar sus armas en una mesa durante un registro, o el Reloj de Manzana es también sueltan su muñeca. Algunas condiciones fisiológicas pueden prevenir un pequeño porcentaje de usuarios de Manzana de crear bastantes señales producir un resultado de grabación bueno.

4. Precio de Corazón bajo o Alto: un precio de corazón bajo 50 BPM (latido por minuto) o más de 120 BPM afecta la capacidad del app ECG de comprobar AF, y la grabación es considerada inconcluyente.

Después de que una grabación de ECG de reloj de Manzana es completa, los datos ECG son analizados para establecer si esto es al menos 25 segundos mucho tiempo, y, de ser así, si Ritmo de Seno o AF está presente, o si un resultado Inconcluyente es aceptable.

El ECG que registra el resultado en el ECG app proporciona una demostración detallada del resultado. Una explicación completa también proveerá en su iPhone.

La presencia de AF en sus resultados de ECG puede representar conclusiones sólo potenciales. Si usted experimenta síntoma, póngase en contacto con su médico. Si usted cree que usted experimentan cualquier urgencia médica, usted debería ponerse en contacto con urgencias.

Cuando esto muestra un resultado del Ritmo de Seno, esto significa que su precio de corazón está entre 50 y 100 latidos por minuto y golpea en un modelo uniforme y dentro de variedades normales.

Pero cuando esto muestra inconcluyente, los resultados de ECG significan que puede haber habido demasiado artefacto o ruido para adquirir una señal de alta calidad. O usted puede tener un arrhythmia además de AF que el app no puede clasificar, o su precio de corazón está entre 100 y 120 BPM.

Un pequeño porcentaje de la gente puede tener condiciones fisiológicas específicas que impiden al usuario conseguir bastante señal producir un resultado bueno.

Usted puede aprender más sobre resultados de ECG inconcluyentes durante onboarding, teniendo acceso a más información en el área ECG de la Salud app en su iPhone, o dando un toque al icono "i" en la Manzana ECG app para detalles adicionales.

Un precio de corazón en circunstancias normales puede ser bajo debido a ciertas medicaciones o si las señales eléctricas no son correctamente conducidas por el músculo de corazón. El ejercicio que se entrena para ser un atleta también puede conducir a un precio de corazón bajo.

Un precio de corazón puede ser alto debido a ejercicio, tensión, nerviosismo, deshidratación de alcohol, infección, AF, u otro arrhythmias.

Si usted recibe el resultado de notificaciones Inconcluyente debido a una grabación pobre, usted podría tratar de registrar de nuevo su ECG. Usted también puede examinar como tomar un ECG durante en embarque o dando un toque en

"Tome una Grabación" en el área ECG de la Salud app en el iPhone.

Todos ECGs son synced a la Salud app en su iPhone. Usted puede usar la Salud app para compartir su ECG con un clínico.

La seguridad y la interpretación de la Manzana miran ECG.

La Manzana la capacidad del app's de ECG de clasificar exactamente un ECG que registra en AF y ritmo de seno normal fue extensivamente probada en una prueba clínica de aproximadamente 600 sujetos.

La clasificación de ritmo de un 12 estándar conduce ECG por un cardiólogo fue comparado a la clasificación de ritmo de ECG simultáneamente tranquilo de la Manzana ECG app. La Manzana ECG app estableció la sensibilidad del 98.3 % en la clasificación de AF y especificidad del 99.6 % en la clasificación del ritmo de seno en grabaciones clasificables.

En esta prueba clínica, aproximadamente el 12.2 % de grabaciones era inconcluyente y no clasificable como ritmo de seno normal o AF. Cuando los archivos inconcluyentes fueron incluidos en el análisis, la Manzana ECG app correctamente ritmo de seno de anuncio en el 90.5 % de sujetos con el ritmo de seno y AF en el 85.2 % de sujetos con AF. Los resultados de validación de datos clínicos reflejan el uso en un ambiente controlado. El uso verdadero mundial de la Manzana ECG app, puede causar un número más significativo de tiras humorísticas juzgadas inconcluyente y no clasificable.

La morfología de la forma de onda probada en esta prueba clínica por evaluación visual de la onda de PQRST estándar y amplitud de onda R en comparación con una referencia. Había un éxito tremendo durante esta prueba clínica; ningunos acontecimientos adversos son observados.

La manzana mira la solución ECG.

Yof usted consigue el problema en el funcionamiento de su Manzana ECG app, abajo son algunos problemas posibles y sus soluciones.

1. Problema: no puedo conseguir el ECG app para tomar mi lectura.

Solución:

Los · Se aseguran que usted ha completado todos los pasos de onboarding en la Salud app en su iPhone.

• Aseguran que su muñeca y su Reloj de Manzana son limpios y secos. El echar agua y el sudor pueden causar una grabación pobre.

Los · Se aseguran que su Reloj de Manzana, armas, y manos permanecen fijados durante grabaciones.

2. Problema: tengo mucho artefacto, ruido, o interferencia en la grabación.

Solución:

Los · Descansan sus armas en su regazo o la mesa mientras usted toma una grabación. Esfuerzo para relajarse y no moverse demasiado.

Los · Aseguran que su Reloj de Manzana no es suelto en su muñeca. La cinta debería ser fuertemente cómoda, y la espalda de su Reloj de Manzana tiene que tocar su muñeca.

Los · Alejan de toda la electrónica que son tapados en una salida para evitar la interferencia eléctrica.

3. Problema: las formas de onda ECG aparecen al revés en vez de derecho.

Solución:

• la orientación de reloj puede el juego de probabilidad a la muñeca incorrecta. En su iPhone, vaya al Reloj app. Dé un toque a Mi Reloj> General> Orientación de Reloj.

Todos los datos registrados durante una Manzana ECG app sesión salvada a Salud app en su iPhone. Si le gusta, usted puede compartir aquella información creando un PDF.

Usted debería tomar la nota que los nuevos datos ECG no pueden registrar una vez que el su almacenamiento de Reloj de Manzana es lleno. Si usted no es capaz de hacer una grabación debido a cuestiones de almacén, usted debería liberar algún espacio suprimiendo apps no deseado, música. Usted puede comprobar la capacidad de uso de almacenamiento, navegando al Reloj de Manzana app en su iPhone, dando un toque "a Mi Reloj," dando un toque "al General", y luego dando un toque "al Uso".

Precauciones

La Manzana ECG app no puede comprobar signos de un ataque cardíaco inminente. Si usted cree que usted tienen una urgencia médica, llaman urgencias.

No tome grabaciones cuando el Reloj de Manzana está en la vecindad cercana a campos electromagnéticos fuertes (p.ej, sistemas antirrobo electromagnéticos, detectores metálicos).

No tome grabaciones durante procedimientos médicos como la representación de resonancia magnética. Usted usa diathermy, lithotripsy, cautery, y defibrillation externo.

No tome grabaciones cuando el Reloj de Manzana es fuera de la variedad de temperaturas óptima operacional (0 oC – 35oC) y humedad del 20 % a la humedad relativa del 95 %.

Como indicado en el libro de versión de inglés de autor similar llamado. Reloj de Manzana (Serie 4, 2019 Edición) la guía de usuario última, Como dominar Reloj de Manzana en 2 Horas.

No haga de ECG de reloj de Manzana
No úselo para diagnosticar condiciones relacionadas con el corazón.

No úselo con un marcapasos cardíaco, ICDs, u otros dispositivos electrónicos implantados.

No tome una grabación durante la actividad física activa.

No cambie su medicación sin consultar a su doctor.

Usted debería dirigirse a sus médicos si su precio de corazón es abajo 50 o más de 120 cuando en reposo y porque este es un resultado inesperado.

Usted también debería tomar la nota que las interpretaciones hechas por este app de reloj de Manzana son conclusiones potenciales, no un diagnóstico completo de condiciones cardíacas. El usuario no es querido para dirigir la acción clínica basada en el app outpour sin la consulta de un profesional de asistencia médica calificado.

La forma de onda generada por la Manzana ECG app sólo es destinada para complementar la clasificación de ritmo para discriminar AF del ritmo de seno normal y no querida para sustituir métodos convencionales de diagnóstico o tratamiento.

La manzana no garantiza totalmente que usted no experimenta un arrhythmia u otras condiciones de salud cuando la Manzana ECG app etiqueta un ECG como el Ritmo de Seno. Usted debería notificar en cambio a su médico si usted descubre cambios posibles de su salud.

Puntas de seguridad

La manzana recomienda que usted debiera añadir un passcode (número de identificación personal [número personal de identificación]), tarjeta de identidad de Cara, o tarjeta de identidad de Toque (huella digital)

a su iPhone y un passcode. (número de identificación personal [número personal de identificación]) a su Reloj de Manzana para añadir más capas de seguridad.

Es vital asegurar su iPhone ya que usted almacenará la información de salud personal.

Componentes de ECG estándares

Tél ECG estándar proporciona 12 vectores diferentes que ven el corazón electrics actividad. Por la convención, el trazado de ECG es se dividen en onda P, intervalo de PR. El complejo QRS, intervalo de QT, SAN segmento, T onda, y onda U. Vamos a hablar del componente muy brevemente aquí.

La onda p representa la despolarización atrial. Es derecho en el más conduce excepto AvR.

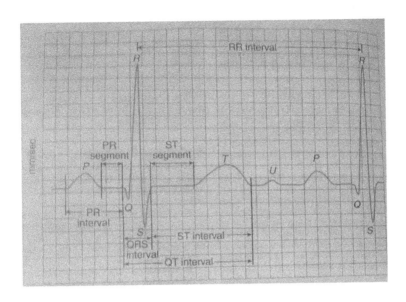

Lectura de ECG normal

Esto puede ser biphasic en el plomo II y Vi. El primer componente representa el derecho atrial actividad, y 2 componente representa dejado atrial actividad. Un aumento de la amplitud de o ambas partes ocurre con la ampliación atrial. El derecho atrial ampliación produce una onda P> 2 mm en el plomo II, III, y aVf (p pulmonale). Dejado atrial ampliación produce una onda P que es amplia y doble-alcanzada su punto máximo en el plomo II (P mitrale). Por lo general, el eje P está entre o0 y 750

El intervalo PR es el tiempo entre el inicio de la despolarización atrial y el inicio de la despolarización ventricular. Por lo general es 0.10 a 0.20 segundos. La prolongación define 1 san grado atrioventricular bloque.

El complejo QRS representa la despolarización ventricular. La onda Q es una desviación hacia abajo inicial. La onda Q normal dura <0.05 segundos en todo el plomo excepto en Vi-3 yo que la onda Q es considerada la parte anormal, indicador o infaction corriente. La onda R es la 1a desviación ascendente; los criterios para altura media o tamaño no son el absoluto, pero R más alto puede causar por el hipertrofeo ventricular. Una 2a desviación ascendente en un complejo QRS es el diseño R1. La onda S es la 2a desviación hacia abajo. Típicamente, el intervalo QRS es 0.07 a 0.10 segundos

El intervalo QT es el tiempo entre el inicio de la despolarización ventricular y el final de la nueva polarización ventricular; el intervalo QT debe guardar correlación con el precio de corazón.

El SAN segmento representa completado ventricular myocardial despolarización. Normalmente, es horizontal a lo largo de la línea de fondo del PR (TP) el intervalo o ligeramente de la línea de fondo.

La onda T refleja la nueva polarización ventricular. Esto por lo general toma la misma dirección que el complejo QRS.

La onda U aparece extraordinariamente en curas que tienen hypokalemia, hypomagnesemia, o ischemia.

Interpretación de componente ECG Anormal

1. P onda es anormal

Las causas posibles son dejadas o hipertrofeo derecho, atrial fugas, o latido de ectopic.

2. P onda ausente

Las causas posibles son atrial fibrillation, el bloque de salida de nodo de seno, hyperkalemia

3. Variación de P-P

Posiblemente debido a un seno arrhythmia

4. Intervalo de PR mucho tiempo

Los motivos posibles son el bloque de atrioventricular de primer grado, Mobitz escriben a máquina 1 bloque de atrioventricular o atrial multifocal tachycardia

5. Complejo de QRS amplio

Las causas posibles son el bloque de rama de bulto derecho o izquierdo, ventricular agitación, fibrillation o hyperkalemia

6. Intervalo de QT corto

Los motivos posibles son hyperkalemia, Hypermagnesemia. Las enfermedades de la tumba, y medicina de digoxin

7. Elevación de SAN SEGMENTO

Las causas posibles son myocardial ischemia, el infarto myocardial agudo, dejado el bloque de rama de bulto, pericarditis agudo, dejó el hipertrofeo ventricular, hyperkalemia, la embolia pulmonar, digoxin medicina, variación normal, sobre todo en el síndrome de corazón de atletismo.

8. Depresión de SAN SEGMENTO

Las causas posibles son myocardial ischemia. Infarto myocardial posterior agudo, digoxin medicina; hipertrofeo de ventricular; embolia pulmonar; bloque de rama de bulto izquierdo; y el derecho ata en un fardo el bloque

9. T onda alta

Las causas posibles son hyperkalemia, el infarto myocardiac agudo, dejado el bloque de rama de bulto, el golpe, y el hipertrofeo ventricular.

10. T onda pequeña, aplanada o invertida

Las causas posibles son myocardiac ischemia, la edad, la raza, la hiperventilación, la ansiedad, bebiendo bebidas calientes o frías, dejó el hipertrofeo ventricular, ciertas medicinas p.ej, digoxin, pericarditis, embolia pulmonar, perturbación de conducción, y perturbaciones de electrólito.

11. U onda prominente

Las causas posibles son hypokalemia, hypomanesemia, e ischemia.

15 puntas poderosas para ser productivo con Reloj de Manzana

D¿o usted quieren conseguir la mayor parte de su nuevo Reloj de Manzana? Aquí están otras 15 de nuestras puntas de usuario de poder favoritas para ser prolíficas. El Reloj de Manzana no es aproximadamente el ejercicio solo. Usted puede usar el dispositivo llevable para hacerse más laborioso, tanto con el trabajo como todo lo demás que usted hace en la vida. Estas puntas ayudarán.

1. Cubrir la pantalla para apagarlo

Hasta que Cupertino libere un Reloj de Manzana 5 con incorporado un siempre - en el modo de demostración que no desarregla su batería, es lo mejor apagar la demostración rápidamente siempre que no en el uso. Usted puede también tan sólo cubriendo el Reloj de su palma.

2. La doble prensa la Corona Digital para cambiar entre la Manzana mira la cara y último app

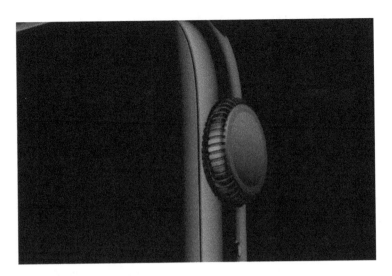

Anillo de Corona Digital

La Corona Digital esconde uno del Reloj de Manzana pocas capacidades de multiasignación: doble prensa ello en la cara de reloj, y usted saltará a la mayor parte de app usado.

Doble prensa la Corona Digital en el Reloj app, y usted volverá a la cara de reloj. Esto es un modo rápido de brincar alrededor del interfaz del Reloj sin necesidad volver a la pantalla de casa primero.

3. Asestar un golpe abajo para despedir notificaciones

¿Ha aparecido una notificación en su nueva pantalla de Reloj con la cual usted no quiere hacer ahora mismo? Sólo aseste un golpe abajo o enrolle abajo con la Corona Digital, de la cumbre de la pantalla para despedirlo.

Punta: Usted puede obligar el Toque en el Centro de Notificación sí mismo a descargar todas sus notificaciones.)

4. Ver todos los sitios Web en su cara de Reloj

La capacidad de ver cualquier sitio en el Reloj de Manzana es relativamente nueva e innovadora. No, el reloj de Manzana llevable no tiene un sitio Web incorporado. Sin embargo, usted puede ver cualquier sitio Web cuando usted recibe un eslabón por texto o correo. Usted también puede usar gestos para navegar alrededor de páginas

Web, usar la Búsqueda de Google, y la información de sitio Web clara con la facilidad relativa, todos de su Reloj de Manzana.

5. Ver sus mensajes llenos de preestreno en el Centro de Notificación

Mientras usted no ha abierto el app, sus notificaciones son de ; ellos todavía viven en el su Centro de Notificación de Reloj de Manzana.

Cuando usted asesta un golpe abajo de la cara de reloj y grifo en una notificación, usted puede ver el mensaje entero sin ello despidiendo la información — o ello "visto" como leído durante el otro final.

Prácticamente, esto significa que usted puede leer mensajes que entran sin avisar al recipiente usted lo ha leído. Para mí, este permite rápidamente el control para trabajo o urgencias personales sin necesidad señalar a la otra persona que lo he leído y soy consciente del problema. Sí, yo podría hacer, en la esencia, la misma cosa apagando leen recibos completamente. De todos modos, me gusta tener recibos en durante el día laborable — no quiero ser 24/7 disponible si esto no es una urgencia.

O bien, este es un gran rasgo para escanear rápidamente mensajes que usted ha perdido sin necesidad esquivar en su apps respectivo. Y ver algo sin marcarlo como leído de modo que usted pueda triage ello más tarde.

6. Levantar para hablar a Siri

Ninguna necesidad de tener que decir 'Oye Siri' para la Manzana mira al ayudante de voz para conseguir trabajar.

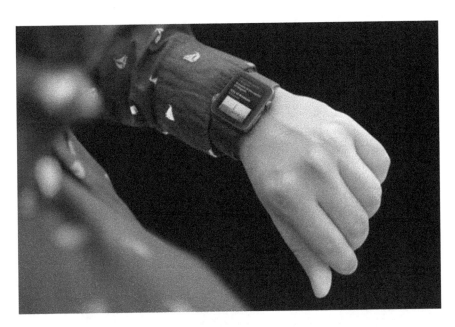

Levante para hablar

Como una alternativa, sólo levante su Reloj y comience a hablar. Este pequeño cambio debería hacer más simple de usar Siri y quizás hacerlo más útil.

7. Cuando en duda, Toque de Fuerza

Usted no puede encontrar un ajuste en el reloj app. presionando firmemente en la demostración: las Posibilidades son, aquellos rasgos posiblemente serán escondidos detrás de un Toque de Fuerza. Usted también puede cambiar su cara de reloj, modos de temporizador, crear nuevos mensajes o correos electrónicos, enviar posiciones, o ver detalles. ¡El experimento y averigua! Hay una lista de la mayor parte de las opciones de toque de fuerza para su Reloj.

8. Sí, la cara de reloj de Siri se hace más elegante

Al principio introducido con el Reloj OS 4, la máquina de usos de cara de reloj de Siri que aprende la lengua para individualizar el contenido esto muestra. Con el tiempo, la cara sugiere contenido apropiado y atajos basados en lo que usted hace.

Los Siri miran la cara

Durante un instante, usted podría ver un eslabón a su podcast favorito aparecer alrededor del tiempo usted deja el trabajo cada día. Usted recibirá probablemente un aviso en la cara de reloj de Siri cada vez que su equipo de deportes favorito está a punto de jugar. Los Siri miran trabajos de cara con original y tercero apps.

9. Maximizar no Molestan modo

La función de no Molesta, cuando el nombre implicado, debe guardar su Reloj que colecciona notificaciones sin notificarle realmente. Podría parecer extraño cuando usted está en una reunión, durante dormir o en las películas, o en un lugar donde usted no quiere el ruido. El haptics inconveniency usted, pero usted no necesita una lista de todo que usted podría haber fallado mientras tanto, no Moleste es sólo lo que usted necesita.

10. Selectivo sobre notificación haptics

Aunque me guste ser capaz de ver la mayor parte de mis notificaciones en el Centro de Notificación en el Reloj de Manzana, no tengo que ser alertado para todos ellos. Usted puede seleccionar qué zumbido de notificaciones o emiten una señal sonora usted por entrar en el Reloj de Manzana app en su iPhone. El Golpeado de Notificaciones, seleccionando el ajuste específico usted deseo de ajustar, y luego golpeado de Costumbre para personalizar sus ajustes despiertos.

Vale la pena notar que sólo algunos apps permiten que nosotros tengamos el control si usted puede permitir alarmas de haptic o sonido. Sin embargo, el tercero apps es limitado con un 'espejo simple iPhone alarmas de ' el interruptor, mientras algunos apps incorporados sólo tienen un interruptor 'de Alarmas'.

Por otra parte: hay un modo de apagar alarmas de haptic para su tercero apps sin incapacitar advertencias exclusivamente. En su dispositivo iPhone, abra Ajustes y navegue a Notificaciones. Elija el app usted no quiere ser físicamente alertado sobre, y apaga Sonidos.

11. ¿App que no responde? El tiempo para una fuerza se marchó

Si un app en su Reloj de Manzana es escalofriante o patente congelado, hay un camino como cerrarlo sin conseguir reanudar su Reloj.

En app errante, domine el botón de lado hasta que usted vea el Poder fuera de la pantalla, y luego sostenga el botón de lado otra vez para volver a la pantalla de casa de su Reloj.

12. Personalizar Centro de Control

El Centro de Control en el Reloj OS 5 añadió la capacidad de personalizar la disposición de los botones.

La funcionalidad lo hace más rápido para ponerse a sus rasgos más importantes. De todos modos, usted puede modificar las disposiciones de botón para satisfacer las necesidades durante un día específico.

Reloj de Manzana controla centro

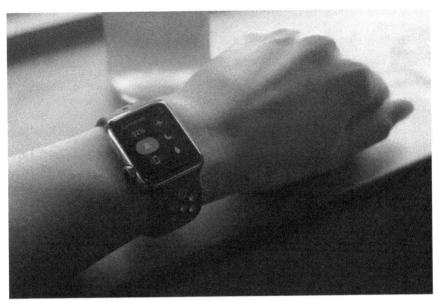

incapacitación Activan en la Muñeca Levantan

Hay tiempos cuando usted quiere permitir la Muñeca Levantan — que despierta su Reloj de Manzana cuando usted lo gira hacia usted. Es imperativo notar que tener este en matará la batería de Reloj de Manzana mucho más rápidamente. Por suerte, usted puede apagarlo.

En su Reloj de Manzana, vaya a Ajustes> el General> Activa en la Muñeca Levantan y botón de madera el interruptor lejos.

14. Encontrar su teléfono usando su Reloj

Si su iPhone recurrentemente va fallando, usted no tiene que precipitarse a su computadora e iCloud.com para averiguar donde es. En cambio, usted también puede usar su Reloj.

Encuentre iPhone en Reloj de Manzana

A Diferencia del Hallazgo Mi iPhone, el rasgo de búsqueda de su Reloj no activará correos electrónicos de iCloud, diciendo que su dispositivo ha enviado un ruido. Esto es mucho más proceso relajado y menos complicado.

15. Hacer copias múltiples de la misma cara de reloj

Usted puede personalizar una cara de reloj sola a su elección — usted puede hacer varios modelos de la misma cara de reloj, cada uno con complicaciones múltiples. Esta opción es sobre todo útil si usted quiere otra cara de reloj para entrenarse que el uso diario.

Al sistema, este, prensa firmemente en la su cara de reloj de Reloj de Manzana hasta que usted vea la opción 'Personalizaré', y luego aseste un golpe a la izquierda hasta que usted vea el más el botón. Dé un toque al botón para crear una nueva cara de reloj que le gusta. Usted también puede quitar caras de reloj que usted no quiere usar más tiempo de la pantalla asestando un golpe en el frente.

Conclusión

¡Muchísimas gracias descargar este libro!

Espero que este libro fuera capaz de ayudarle a usar su reloj de Manzana con eficacia. Finalmente, si usted disfrutó de este libro, por favor tome el tiempo para compartir sus pensamientos y fijar una revisión en el Amazonas. ¡It'd ser muy apreciado!

Gracias y buena suerte

Philip Knoll es el presidente de techguideblog, la casa editorial que publicó varios ESTO reserva. Él trabajó en la Inte-ruta, la voz más grande de Europa y los datos conectan a la red al abastecedor. Antes de la Inte-ruta, él trabajaba como un ingeniero de red mayor para el Internet Globtel, un Abastecedor de Servicios de Telefonía e Internet significativo al mercado. Él ha estado trabajando con Linux durante más de 10 años poniendo un acento fuerte sobre la seguridad para proteger datos vitales de hackeres y asegurar servicios de buena calidad para clientes de Internet. Moviendo a servicios VoIP que él tuvo que enfocar hasta más en la seguridad cuando los datos de facturación sensibles el más a menudo son almacenados en servidores con direcciones de IP públicas. Él ha estado estudiando realizaciones QoS en Linux para construir tipos diferentes de servicios para clientes IP y también entregar la buena calidad para ellos y para VoIP sobre el publicInternet. Philip también ha estado programando el software educativo con Perl, PHP, y Pedante durante más de 7 años que sobre todo desarrollan interfaces de dirección interiores para IP y servicios VoIP.

Libro de sobresueldo para comprar este libro.

Este es el eslabón;

https: // techguideblog.net/free-ebook-60-minutes-apple-watch-guide/

Nuestro sitio Web es http // www.techguideblog.net

Usted debería comprobarlo y avisarme lo que usted piensa. Guardo un blog allí para nuestra interacción eficiente. Me gusta invitarle siguen mi viaje, contratando mi boletín de noticias libre. Si usted se suscribiera usted consigue la copia libre de mis libros mp3, pdf archivos, y seminarios

La lista de mis instrumentos en línea favoritos, más la notificación del futuro libre enciende libro y ofertas. Complace, si usted está interesado signup

www.ingramcontent.com/pod-product-compliance
Lightning Source LLC
Chambersburg PA
CBHW031237050326
40690CB00007B/843